MAU WINTER

jeder Moment hat seine Geschichte

50 NEUE KURZGESCHICHTEN

MAU WINTER

jeder Moment hat seine Geschichte

50 NEUE KURZGESCHICHTEN

Inhalt

ALLER ANFANG BRAUCHT ZEIT

Ich sitze am Schreibtisch und habe den Computer ange-
schaltet. Eine Geschichte möchte ich schreiben. Doch die
Gedanken in meinem Kopf sind durcheinander.

Eine Fülle von Eindrücken, Erlebnissen, ungeordnet, ver-
wirren mich. Mich zu konzentrieren, scheitert.

Auf dem Bildschirm hüpft der Cursor unruhig in der
linken oberen Ecke, es ist eine Aufforderung zu schreiben.
Ich kann dieser Aufforderung nicht folgen. Enttäuscht
schließe ich das Notebook.

Neben dem Computer liegt ein Blatt Papier, ein unbe-
schriebenes weißes Blatt, quer darüber ein schwarzer
Bleistift. An seinem oberen Ende glänzt ein geschliffener
hellblauer Swarovski-Stein. Es ist der Stift, den Paul mir
mit dem Wunsch viele neue Geschichten zu schreiben,
geschenkt hat.

Ich greife nach dem Schreibutensil der alten
Art und schließe die Augen. Schon nach wenigen Augenblicken gewinnen meine Gedanken an Klarheit. In der Ferne höre ich
Pauls Stimme, die mich auffordert:
»Schreibe! Schreibe über all das, was
wir erlebt haben. Schreibe über das,
was dich bewegt.«

Und auf einmal kann ich
mich an vieles erinnern. An

Augenblicke, an denen ich großes Glück erlebte, aber auch solche, an denen ich eine tiefe Traurigkeit spürte.

Die ersten Sätze stehen auf dem Papier, und ich kann gar nicht so schnell schreiben, wie aus den Augenblicken Geschichten werden.

Paul, ich danke dir für diese Inspiration.

Früh am Morgen

Draußen ist es dunkel. Es muss sehr früh am Tag sein. Überall Stille. Der morgendliche Berufsverkehr hat noch nicht begonnen. Irgendetwas hat mich aufgeweckt. Neben mir atmest du gleichmäßig und tief und ich bin froh darüber.

Es war nicht ein Geräusch, das mich aus dem Schlaf gerissen hat, es war ein Traum. In diesem Traum warst du nicht mehr neben mir. Du warst einfach nicht mehr da. Ich bin beunruhigt, und meine Hand greift nach deiner. Du schläfst tief und fest. Sicher träumst du einen anderen Traum und bemerkst meine Berührungen nicht.

Dass du im Traum nicht mehr da warst, beunruhigt mich sehr. An Schlafen ist nicht mehr zu denken. Ich bin hellwach und beginne über uns nachzudenken.

Unsere erstes Zusammensein, der erste zarte Kuss, wir haben es bis heute nicht vergessen, und oft erinnern wir uns daran. Unser letztes inniges Zusammensein. Wir lieben uns noch immer.

Unseren Entschluss, das Leben gemeinsam zu meistern, haben wir bis heute nicht bereut.

Unser erster Streit, der uns beiden sehr weh tat und an den wir uns immer noch erinnern, wenn wir dem Streiten nahe sind. Der uns mahnt, über das, was uns bewegt, zu reden und nicht zu streiten. Unsere erste Trennung, als wir erfahren haben, wie sehr wir uns brauchen.

All das geht mir durch den Kopf.

Wir haben in unserem langen gemeinsamen Leben immer versucht, den anderen zu respektieren, ihn nie zu verletzen und an seinem Glück teilzuhaben. Denn es ist unser gemeinsames Glück. Es ist nicht schwer, es erfordert nur Geduld und die Bereitschaft, dem anderen zuzuhören und ihm auf seine Fragen Antworten zu geben. Das war der Schlüssel für unsere lange glückliche Beziehung. Und wir werden auch für den Rest unseres gemeinsamen Lebens daran festhalten.

Fast habe ich meine innere Ruhe wiedergefunden. Langsam wird es hell. Die Stadt erwacht mit all ihren Geräuschen. Unruhig drehst du dich auf die andere Seite. Auf die Seite zu mir. Und als hättest du meinen Wunsch gespürt, öffnest du kurz die Augen. Lange genug um wahrzunehmen, dass ich wach bin. Dein Arm zieht mich zu dir, und ich höre dich flüstern: »Schlaf weiter, es ist noch sehr früh.« Ich spüre deinen Arm, der sich um mich legt und versuche wieder einzuschlafen.

Eins nach dem Anderen

Der Wecker klingelt halb sieben. Eigentlich brauchen wir den Weckruf nicht, denn wir sind Frühaufsteher und einen festen Tagesrhythmus haben wir mit in den Ruhestand genommen. Mit der Zubereitung des Frühstücks ist jeder mal dran. Am Tag vorher bestimmen wir, wer damit dran ist. Einfach so, spontan.

Gestern Abend haben wir gewürfelt. Du hattest eine »sechs«. Die Punkte meines Wurfes lagen weit darunter. Pech? Nein. Die erste Mahlzeit des Tages zuzubereiten, ist etwas Besonderes. Sie hat eine große Wirkung auf den Verlauf des Tages. Ist das Frühstück hektisch oder sitzen wir schweigsam am Tisch, bemühen wir uns, den weiteren Verlauf des Tages nicht in einen unbedeutenden abgleiten zu lassen. Wir wissen das, und unbedeutende Tage möchten wir vermeiden. Ein harmonischer Morgen ist die erste Herausforderung eines jeden Tages für uns.

Obwohl das Rasseln des Weckers nicht zu überhören ist, steige ich vorsichtig, fast lautlos, aus dem Bett und schleiche auf Zehenspitzen aus unserem Schlafzimmer. Ein kurzer Blick aus dem Fenster. Erste Sonnenstrahlen versprechen einen sonnigen Frühlingstag.

Im Badezimmer schaue ich lächelnd in den Spiegel. Das tue ich schon seit ewiger Zeit, und es ist hilfreich für einen guten Start in den neuen Tag. Die Morgentoilette beschränke ich heute auf das Zähneputzen. Ein gemeinsames Duschvergnügen nach dem Frühstück, das wäre ein Tagesbeginn; ein Gedanke, ein Wunsch von mir. Und du würdest dich diesem Wunsch anschließen, ich kenne dich.

Nach der Mundhygiene und flüchtigem Händewaschen eile ich in die Küche.

Das Tablett mit dem Frühstücksgeschirr habe ich gestern Abend schon mit dem Notwendigen bestückt. Ich muss es nur noch ins Wohnzimmer tragen. Schnell ist der Tisch gedeckt. Dann muss ich zurück in die Küche. Das Aufbacken der Brötchen, das Kochen der Eier und die Zubereitung des Morgenkaffees sind als nächstes dran. Während ich dabei bin, die Handreichungen zu koordinieren, vernehme ich Schritte hinter mir. Gleich werden deine Hände mich berühren.

Ich habe wohl den Wecker gehört, mich aber schlafend gestellt. Ich weiß, du magst das. Nur zu gern hätte ich heute das Frühstück zubereitet, dich mit einem gedeckten Frühstückstisch überrascht. Aber leider habe ich beim Würfeln gewonnen und gewonnen ist gewonnen. Wir halten uns daran. Siegen ist eben nicht immer erstrebenswert.

Dein Aufenthalt im Badezimmer war sehr kurz. Werden wir heute gemeinsam duschen?

Jetzt werde ich dich erst einmal in der Küche begrüßen.

Ich stehe dicht hinter dir, dich spürend, obwohl wir uns noch nicht berühren.

»Guten Morgen«, flüstere ich in dein Ohr.

Du kannst einen immer wieder überraschen. Als sich deine Hände auf meine Schultern legen, durchdringt mich Wärme. Ein Gefühl von Geborgenheit überkommt mich. »Guten Morgen«, antworte ich.

Nur keine »Schwäche« zeigen, sonst wird es mit dem Frühstück heute nichts, versuche ich meine Gefühle unter Kontrolle zu halten. Aber ich mag es, wie deine Hände an meinem Körper hinabgleiten.

Das Wasser für die Eier kocht, und die Kaffeemaschine will in Gang gebracht werden. Einzig die Brötchen in der Ofenröhre unterliegen der Kontrolle des Kurzzeitweckers. So, die Eier haben es ins kochende Wasser geschafft. Aber schaffe ich es in dieser Situation, die Kaffeemaschine in Betrieb zu nehmen? Ich weiß nicht.

»Hallo«, sage ich noch einmal und meine Stimme beginnt leicht zu vibrieren.

Toll, wie du das immer wieder hinbekommst. Du möchtest nach so vielen gemeinsamen Jahren immer noch erobert werden. Ich finde das großartig.

Meine Hände gleiten weiter an deinem Körper hinab. Ich versuche meine morgendliche Eroberung mit banalen Worten zu interpretieren. »Es ist wunderbar, dass du uns heute das Frühstück machst«, sage ich.

Ich weiß, ich hätte etwas anderes sagen sollen, aber was? Du möchtest erobert werden, da ist eine direkte Aufforderung fehl am Platz und außerdem, Hunger habe ich auch. Sollte ich dich jetzt küssen oder sollten wir das Frühstück verschieben?

Ich werde unsicher, obwohl meine Hände längst an deinem Körper weiter gewandert sind.

Das tut gut am Morgen. Du weißt, ich kann nicht widerstehen, wenn du mich so anmachst. Sollten wir das Frühstück verschieben? Nein, ich möchte erobert werden. Wir spielen das Spiel bereits seit vielen Jahren. Es ist so prickelnd, von dir umgarnt zu werden und es gefällt uns beiden.

»Hallo«, sage ich mit einem vielsagenden Lächeln und nach einer kurzen Pause noch einmal und ergänze den Satz mit den Worten: »Ich habe Hunger«.

Der Kurzzeitwecker klingelt. Die Eier sind fertig. Ich muss sie abschrecken. Wenn ich jetzt zur Spüle gehe, werde ich dich dann auch abschrecken oder verschrecken? »Die Eier müssen ins kalte Wasser«, ein Satz, den ich eigentlich gar nicht sagen wollte.

Das war eine Aufforderung.

Du möchtest, dass wir beide zur Spüle gehen? Jetzt bin ich bereit, dich fest an mich zu drücken. Die Fläche unserer Berührung ist groß. Das Frühstück gerät in Frage, denn du drehst dich zu mir um. Unsere Körper befinden sich in einer verführerischen Nähe zueinander.

Frühstücken oder Liebe? Hunger habe ich auf beides. Der Hunger auf ein Ei, ein frisches Brötchen und einen aromatischen Kaffee setzt sich durch. Das muss das Alter sein, rechtfertige ich mich vor mir selbst und bin fast ein wenig traurig dabei.

»Ich helfe dir jetzt bei der Vorbereitung des Frühstücks und dann ...« ich komme nicht weiter. *Du hast dich aus unserer verführerischen Nähe gewunden und eilst zur Kaffeemaschine.*

Wenn ich jetzt nicht sofort die Kaffeemaschine anstelle und in kürzester Zeit der aromatische Duft vom frischen Kaffee in deine Nase steigt, wird es mit dem Frühstück nichts und ich habe Hunger.

»Bitte, bring die Eier und Brötchen ins Wohnzimmer, der Kaffee ist gleich fertig«, diktiere ich weitere Handreichungen. Ich weiß, das ist unfair, dich so abrupt aus deinen Träumen zu reißen. Aber auch ich muss meine Träume vorerst verlassen. Wir sind beide schon sehr erwachsen, über 70, da hat man Zeit.

Zeit für all die schönen Dinge, die das Leben für uns bereithält, Zeit zu genießen. Aber eins nach dem anderen. Bei uns heißt das heute Morgen: erst frühstücken und dann?

Ein verführerischer Duft von frischem Kaffee und noch warmen Brötchen streift durch unsere Wohnung. Ich spüre schon jetzt, es wird kein unbedeutender Tag.

Frühling

Der Winter hat sich Zeit gelassen. Es ist Mitte März und die Sonne fordert Feld und Wald, Tier- und Pflanzenwelt nachdrücklich auf, sich auf den Frühling vorzubereiten.

Es wird unser erster Spaziergang in diesem Frühjahr. Wir möchten die warmen Sonnenstrahlen auf unserer Haut spüren und die erwachende Natur entdecken und genießen.

Die Laubreste vom vergangenen Jahr auf den Wegen hat der Schnee zugedeckt. Wir wandern über einen weichen Teppich; Reste von Blättern vom vergangenen Jahr. Und doch berühren wir bereits mit unseren Füßen das Neuentstehende des kommenden Frühlings.

Am Wegesrand erste Halme in zartem Grün, an den Sträuchern und Bäumen dicke rundlich pralle Knospen, die bereit sind, die in ihnen ruhenden Blätter zu entlassen. Im noch kahlen Geäst der Bäume zwitschert bereits eine bunte Vogelschar. Ein erstes Konzert von Meise, Stieglitz, Buchfink und Co. Am Waldesrand streiten sich Amselmännchen um eine Amselfrau.

Ein Buchfink versucht mit Gesang die Aufmerksamkeit einer Vogelfrau zu erreichen.

In den warmen Sonnenstrahlen tummeln sich erste Insekten. Emsige Bienen sammeln von den »Kätzchen« der

Haselnusssträucher den ersten Blütenstaub. Ihr Bienenfleiß treibt sie dazu. Über uns signalisieren die aus dem Süden zurückkehrenden Kraniche ihre Rückkehr. Ihre unverwechselbaren Rufe sind nicht zu überhören. Das Schnattern der vorüberfliegenden Wildgänse weckt in uns Reiselust.

Am Wegesrand die ersten Blüten. Das tiefe Blau der Krokusse und die kleinen weißen Blüten der Schneeglöckchen, eingebettet in wärmende Erde, sind ein sicheres Zeichen für den scheidenden Winter. Aber bald werden sie im Glanz anderer Frühlingsblüher auch schon wieder vergehen. Die Natur ist schnelllebig. Wir ahnen das Tempo der Veränderungen. Das Jahr hat seinen Lauf aufgenommen.

Das Erwachen der Natur, der dahinschwindende Winter, die zunehmende Wärme der Sonne und die Helle des Lichtes verändern auch uns.

Wir mögen den Frühling.

Vergessene Pflichten

Seit Wochen trübes Wetter und am Wochenende auch noch Regen. Heute am Wochenbeginn – Regen! Alles, was ich mir für den Tag vorgenommen habe, ist schönwetterabhängig. Was tun?

Länger als sonst bleibe ich am Frühstückstisch sitzen. Von meinem Platz aus kann ich den Hof übersehen. Mein Blick wandert immer wieder zum Himmel. Überall Wolken, aus denen dicke Tropfen fallen. Es ist kaum zu erwarten, dass sich das Tiefdruckgebiet einer Schönwetterfront geschlagen gibt. Der anhaltende Regen hat den Hof in eine riesige Pfütze verwandelt. Die unaufhörlich vom Himmel fallenden Regentropfen bilden kleine Kreise auf der Wasserfläche. In meiner Fantasie sind es Mandalas.

Doch dann verschwinden die Muster in den Pfützen. Es hat aufgehört zu regnen. Und schon wird es um den kleinen See lebendig. Spatzen toben im Wasser. Mit ihren Flügeln schlagen sie auf die Wasserfläche, tauchen ihren Körper in das Nass, um es gleich darauf wieder aus ihrem Gefieder zu schütteln. Andere sitzen am Pfützenrand und stecken ihre Schnäbel tief in das Wasser, um sie anschließend in den Himmel zu strecken. Ihr Tschilpen dringt durch das geschlossene Fenster. Sie scheinen ebenso wie ich die Wetteränderung wohlwollend zur Kenntnis zu nehmen.

Im Blumenbeet unweit der Pfütze sehe ich, wie ein Amselmann mit großem Kraftaufwand einen dicken Regen-

wurm aus der Erde zieht. Ich erkenne ihn an seinem pech-
schwarzen glänzenden Gefieder. Die gelben Ringe um seine
Augen lassen sie wie schwarze Perlen leuchten. Eine letzte
Anstrengung, ein Ruck und er hält einen dicken Regenwurm
in seinem gelben Schnabel.

Nun wird er wahrscheinlich gleich losfliegen, denn ein
Amselvater hat es nicht einfach. Nestlinge haben ständig
Hunger. Den ganzen Tag über müssen sich die Vogeleltern
anstrengen, ihre Jungen mit Nahrung zu versorgen. Meine
Sympathie für den Vogel wächst.

Aber was tut er da? Er öffnet seinen Schnabel und lässt
den Wurm fallen. Der Amselmann hat die Pfütze entdeckt.
Für ihn für kurze Zeit eine Gelegenheit, seine Vogelelternpflichten zu vergessen.

Ein paar kräftige Flügelschläge, eine Landung in der
Pfütze und er könnte ein erfrischendes Bad nehmen. Das
könnte sein Vorhaben sein. Der Anflug auf die Pfütze wird
zu einer Bruchlandung. Er landet mitten in der Spatzen-
schar. Das Wasser spritzt nach allen Seiten. Die Spatzen sind
erschrocken und fliegen in alle Richtungen davon. Auch der

Amselmann scheint über seine missglückte Landung entsetzt zu sein. Breitbeinig und regungslos steht er in der Pfütze. Er scheint ebenso ratlos wie verwirrt. Dann stelzt er aus dem Wasser. Mit großen Sätzen hüpft er zurück zum Blumenbeet. Er sucht den Regenwurm, den er so leichtsinnig in die Freiheit entlassen hat. Aber der Wurm hat seine Chance auf Freiheit genutzt. Aufgeregt hopst der Amselmann im Beet umher. Seine hungrige Brut wartet im Nest. Er darf keine Zeit verlieren, denn er muss die Amselfrau ablösen. Sein Scharren im Beet wird hektisch. Fieberhaft sucht er nach ein paar Insekten oder Würmern. Mit leerem Schnabel kann er nicht zum Nest zurück.

Er hätte seine Vogelelternpflichten nicht vernachlässigen dürfen, sind meine Gedanken.

So groß meine Sympathie für den kleinen Vogel ist, so sehr ich ihm helfen möchte, das Honigbrötchen, das noch auf meinem Frühstücksteller liegt, kann den verlorenen Regenwurm nicht ersetzen.

UNGEDULD

Ich stehe auf dem Bahnhof. Um mich herum das übliche Treiben. Als die Lautsprecheranlage den Zug ankündigt, der dich zu mir bringen wird, steigt meine Aufregung ins Unermessliche. Ich beginne zu frösteln. Es ist nicht die Kühle in der Ankunftshalle, es ist der Wunsch endlich in deinen Armen zu liegen.

Seit wir von unserem Wiedersehen wissen, habe ich mir immer wieder die Frage gestellt, ob es irgendetwas gibt, was dich aufhalten könnte, zu mir zu kommen. Die Frage »Wirst du im Zug sein?« lässt mich auch jetzt nicht los.

Mit lautem Kreischen kommt der Zug zum Stehen. Ich stehe unmittelbar vor der Wagentür, aus der du aussteigen wirst. Unter den ankommenden Fahrgästen suche ich dich und es dauert nicht lange, bis wir Blickkontakt haben. Du bist da, jubele ich innerlich. Die wenigen Sekunden, bis wir uns in den Armen liegen, sind eine gefühlte Ewigkeit und eine echte Geduldsprobe. Dann endlich spüre ich, wie deine Arme mich umschließen. Nach langer Zeit ein inniger Kuss.

Seit unserer ersten Berührung steht die Zeit für uns still.

Du hast deinen Alltag verlassen und ich habe dich in meinen aufgenommen. Das Warten hat sich gelohnt. Wir sind in unserer kleinen gemeinsamen Welt angekommen. In dem rastlosen Treiben der Großstadt werden wir kaum wahrgenommen. Noch können wir uns nicht ganz unseren

Gefühlen hingeben. Und wir haben nur den einen Wunsch, schnell an dem Ort, an dem wir die nächsten Tage zusammen sein werden, anzukommen. Die Zeit und unser Alter vergessend, können wir unser Glück leben.

Die Natur hat uns wieder

Wir haben Sehnsucht nach körperlicher Freiheit, nach Natürlichkeit. Weit ab menschlicher Geschäftigkeit liegt sie vor uns, die Wiese in der hellen Waldlichtung, überflutet von der wärmenden Sonne. Der Geruch von frischer Erde und Gras vermischt sich mit dem Duft unserer Körper. Es ist still um uns. Wir atmen frei und ungehemmt.

Über uns flattert ein Schmetterling. Lautlos nähert er sich uns, um dann wieder in die Weite des Himmels aufzusteigen. Aus dem dichten Laub der Bäume ist Vogelgezwitscher zu hören. Eine Einladung?

Ausgestreckt liegen wir im sonnenwarmen Gras. Unsere sanften Berührungen und geflüsterten Liebkosungen gefallen uns.

Unmittelbar neben uns betrachtet ein Grashüpfer das für ihn ungewöhnliche Geschehen auf der Wiese. Mit einem Satz ist er im hohen Gras verschwunden.

Sonnenstrahlen berühren unsere Körper. Behutsam berühre ich dich. Ich fühle die Wärme des Tages auf deiner Haut und spüre Lust deinen Körper zu liebkosen. Meine Küsse erreichen schließlich die Falten des Alters in deinem Gesicht. Es hindert uns nicht, unsere Gefühle dem anderen zu zeigen, sie ihn spüren zu lassen.

Unbeschwert geben wir uns diesem Hochgefühl hin.

Ich sehe dich an und kann nicht genug davon bekommen. Die Zeit scheint still zu stehen.

Ein kleiner Käfer kriecht eilig über deinen Rücken, um gleich darauf davonzufliegen. Mit meinen Händen nehme die Berührung des Käfers auf. Sie verweilen auf deiner Haut, den Moment des zarten Eins seins anzuhalten.

Kaum spürbar streift ein Windhauch unsere Körper. Grashalme biegen sich zu uns herab, als wollten sie uns bedecken.

LEBENSVERÄNDERUNG

Wir hatten den Gedanken, dass einer von uns einmal schwer krank sein würde, stets verdrängt. Aber verdrängen hilft nicht. Paul hatte es erwischt. Zum Glück kam die ärztliche Hilfe rechtzeitig und während seines Aufenthaltes im Krankenhaus stabilisierte sich seine Gesundheit. Mit der Entlassung aus der stationären Behandlung folgte für ihn eine Anschlussheilbehandlung.

Paul war skeptisch, was diese Folgebehandlungen betraf. Er wollte nicht von zu Hause weg. Nicht, dass wir noch nie getrennt gewesen wären. Wir hatten auch schon getrennte Urlaube verbracht. Aber die plötzliche Erkrankung und nun das Glück auf dem Weg der Genesung zu sein, hatte in uns beiden den Wunsch geweckt, möglichst viel Zeit miteinander zu verbringen. Nun sollten wir für mindestens drei Wochen getrennt sein.

Ich versuchte, ihn von der Notwendigkeit dieser Folgebehandlung zu überzeugen und versprach, so oft es geht, ihn anzurufen.

Seit dem ersten Tag seines Aufenthaltes in der Klinik, die ihn wieder flott machen sollte, telefonierten wir abends miteinander. Paul berichtete mir von seinen Behandlungen, stellte jedoch einiges infrage. Ich spürte, dass unsere Abendgespräche nicht mehr ausreichend waren. Ich wollte wissen, wie sich Paul wirklich fühlte, wie er untergebracht war. Ohne lange zu überlegen fuhr ich am ersten Wochenende zu ihm. War es richtig, dass ich ihn während seiner Rehabilitation besuchte? Würde es vielleicht seinen Genesungsprozess negativ beeinflussen? Und noch weitere ähnliche Fragen stellte ich mir. Aber mein Innerstes sagte, dass ich zu ihm fahren musste.

Paul war überrascht, als ich vor ihm stand. Das Strahlen in seinen Augen, als wir uns gegenüberstanden, und die Wärme, die uns beide durchströmte, als wir uns in den Armen lagen, bestätigten mir die Richtigkeit meiner Entscheidung.

Wir unternahmen am Nachmittag, mehr Zeit hatten wir nicht, denn ich hatte mindestens fünf Stunden Fahrt hinter bzw. vor mir, einen Spaziergang. Wir redeten über die Behandlungen und deren Sinn. Ich spürte, wie Paul meine Anwesenheit zunehmend gut tat. Schon bei meiner Rückreise war klar, dass ich das nächste Wochenende wieder mit ihm verbringen werde.

Ich verhandelte mit der Klinik und konnte eine Übernachtung buchen. Paul war überrascht, als am nächsten Samstag eine Liege in sein Zimmer gebracht wurde. Es war meine Schlafstätte für das Wochenende.

Wieder war ich fast zwei mal fünf Stunden unterwegs, aber für ein gemeinsames Wochenende mit Paul nahm ich die lange Fahrzeit auf mich. Wir verlebten zwei wunderbare Tage, unternahmen lange Spaziergänge bei wunderschönem spätherbstlichen Wetter, und wir redeten über den Erfolg seiner Behandlungen. Wir unterhielten uns über das Leben nach der Kur. Über das, was wir an unserem Lebensstil ändern müssen, denn ich wollte Paul dabei hundertprozentig unterstützen. Manchmal saßen wir nur nebeneinander. Er hatte seinen Arm um meine Schultern gelegt, und wir schwiegen. Es war zu spüren und es spiegelte sich auch in den Befunden der wöchentlichen Visiten wieder, dass sich Paul von Woche zu Woche besser fühlte. Sein Behandlungsprogramm absolvierte er nun mit größtem Eifer. Er war zu der Einsicht gekommen, dass all diese Therapien wichtig für ihn waren.

Ich hatte nicht gezögert, auch das letzte Wochenende mit Paul zu verbringen. Ich blieb drei Tage. Wir nutzten diese Zeit nicht nur, um über seine Behandlungen und bereits eingetretene Erfolge zu sprechen, wir begannen Zukunftspläne zu machen. Uns beiden war klar geworden, dass meine Besuche eine wertvolle Ergänzung seiner medizinischen Behandlungen war. Wir waren bereit für die Lebensveränderungen, die seine Krankheit mit sich brachte.

Und so erlebte Paul diese Zeit:

Es kam unverhofft. Plötzlich war ich ernsthaft krank. Der Aufenthalt in der Klinik war ausgefüllt mit Untersuchungen. Was mit mir geschah, nahm ich kaum wahr. Ich hatte nur den einen Wunsch, ich wollte gesund werden, ich wollte dich noch nicht alleine lassen.

Nach zehn aufregenden Tagen in der Klinik kam ich in eine Kurklinik, in der mein Gesundheitszustand weitgehend wieder hergestellt werden sollte. Man nennt das heute Anschlussheilbehandlung. Alles, was ich brauchte, hattest du mit eingepackt. Unser Abschied war kurz. Ich wollte ihn eigentlich nicht. Mit dir zusammen wollte ich sein. Das war mir jetzt das Wichtigste. Ich brauchte deine Hilfe, deine Liebe und Fürsorge und deine Zärtlichkeit. In diesem Moment wurde mir bewusst, dass du mich all die Tage in der Klinik besucht hattest.

Nach einer langen Fahrt war ich endlich am Ziel angekommen. Als ich vor dem altehrwürdigen Gebäude der Klinik stand, war es Gewissheit, dass ich hier die nächsten drei Wochen verbringen würde. Das Zimmer war mit dem Notwendigsten ausgestattet, wirkte aber sehr gemütlich und ließ mich kurzzeitig meine Sehnsucht nach dir vergessen.

Am folgenden Tag erhielt ich nach einer umfangreichen Untersuchung einen auf meinen Zustand zugeschnittenen Behandlungsplan. Was sollte ich da nicht alles machen! Bei einigen Behandlungen konnte ich den Sinn für meine Genesung nicht erkennen. Aber ich bin ja ein Laie. In der freien Zeit zwischen den einzelnen Behandlungen unternahm ich Spaziergänge. Ich spürte, dass ich mich von Tag zu Tag besser fühlte. Das spätherbstlich milde Wetter und deine täglichen Anrufe am Abend hatten große Wirkung auf mein Wohlbefinden.

Und erst dein überraschender Besuch am ersten Wochenende. Unsere Gespräche, deine eindringliche Bitte, alles für meine Gesundheit zu tun, waren der Grund, dass ich nun mein Reha-Programm sehr ernst nahm. Ich fragte nicht mehr nach dem Sinn der Behandlungen, ich absolvierte sie

einfach, dem Rat der Ärzte folgend. Mit meinen Tischnach-
barn hatte ich einen guten Griff gemacht. Nein, wir waren
so sortiert worden. Langsam fanden andere Gedanken,
wieder Platz in meinem Kopf. Gedanken über die Krankheit
traten in den Hintergrund – ich wollte wieder gesund werden.
Es machte mir Spaß, andere zu beobachten. Vergnüglich
fand ich die unterschiedlichen Bekleidungsvarianten, vor-
herrschend allerdings der Trainingsanzug-Look. Auch die
Essgewohnheiten meiner Mitpatienten erheiterten mich
zuweilen.

Mit deinen Wochenendbesuchen hast du mich überrascht.
Es war rührend, wie du dich um mich gesorgt hast, und es gab
mir Geborgenheit.

Schnell ist die Zeit vergangen. Beim Kofferpacken wurde
mir endgültig bewusst, dass ich meinen Lebensstil ändern
muss. Es wird nicht leicht werden, auf liebgewonnene
Dinge zu verzichten, gesunde Bewegung als Fitnesspro-
gramm in den Alltag aufzunehmen. Aber du hast mir ver-
sprochen, mich dabei zu unterstützen. Dafür danke ich dir
schon jetzt.

Paul ist wieder zu Hause. Er hat sich gut erholt und die
Behandlungen haben ihm gut getan. Wir sehen seine Genesung als eine zweite Chance zu leben. Und wir nutzen sie.

Gemeinsam haben wir ein Gesundheitsprogramm für
Paul erarbeitet, nachdem wir beide leben. Wir haben unseren Speiseplan grundsätzlich verändert und es schmeckt
uns. Wann immer es das Wetter zulässt machen wir einen

Spaziergang. Mindestens dreimal in der Woche nehmen wir unsere Nordic Walking Stöcke und los geht's.

Manchmal haben wir das Gefühl, wir sind jünger geworden.

GUTE NACHT

Ein langer Tag liegt hinter uns. Wir haben viel erlebt; Gutes und weniger Gutes, Anregendes und Aufregendes, Lustiges und Nachdenkliches.

All das in unseren Gedanken festzuhalten, hat uns erschöpft.

Es ist spät am Abend.

Wir sind müde und sitzen beisammen, schon eingestimmt auf die Nacht.

Du stehst auf und verlässt das Zimmer. Ich folge dir.

Als ich neben dir liege, suchen unsere Füße Kontakt.

Unsere Körper drängen sich aneinander.

Ich fühle Nähe – Wärme, Zärtlichkeit.

Als du dich über mich beugst, trennen sich unsere Körper für kurze Zeit.

Unsere Lippen finden sich. Ein Kuss soll den Tag beenden.

Könnte es sein, dass er für heute nicht die letzte Zärtlichkeit ist?

Gute Nacht!

Juli 2012

Nach dem Kalender hat der Sommer Hochzeit, es ist Ende Juli. Statt im Liegestuhl in der Sonne zu liegen, bin ich dabei die Herbstsachen aus den untersten Schubladen zu holen und griffbereit im Schrank zu platzieren. Die Tagesmitteltemperaturen dümpeln zwischen 14 und 17 Grad Celsius. Von der Sonne ist nur selten etwas zu sehen. Wolken über Wolken und eine Luftfeuchtigkeit von 100 %. Die regenfreie Zeit zwischen den Schauern reicht gerade mal für einen trainierten 3.000-Meter-Lauf.

Müsste man den Sommer beschreiben, es fehlen die passenden Worte. Müsste man ihn malen, dann sind Grautöne, in allen Schattierungen, wie sie die Farbskala hergibt, ausreichend. Es ist ein Sommer, den man am liebsten schnell beenden möchte, aber das ist nicht möglich. Gut, zwischen den gefühlten monatelangen Regentagen gab es einige sommerähnliche Tage, aber eben nur einzelne. Und diese waren einzig und allein dazu da, die monatlichen Durchschnittstemperaturen nach oben zu frisieren, um dem Vergleich mit den Vorjahren standhalten zu können. Denn kaum hatte man den sommerlichen Gefühlen freien Lauf gelassen, folgte sofort eine gefühlte nicht enden wollende Zahl regnerischer Tage. Das atlantische Hochdruckgebiet wollte und will sich in diesem Jahr nicht einstellen.

Deshalb habe ich mir gleich am Anfang dieses verregneten und dazu auch noch kühlen Sommers einen Regenschirm der Größe XXL zugelegt. Damit ist wenigstens sichergestellt, dass ich vom Knie aufwärts nicht mehr nass werde. Obwohl, meine Haare sehen durch die hohe Luftfeuchtigkeit, wie das Innere meiner noch nach althergebrachter Art gepolsterten Stühle, aus. Eine Frisur habe ich schon lange nicht mehr, und die Ausgaben für den Friseur sind das Nutzloseste, was ich in meinem Budget verbuchen muss.

Meine sportlichen Aktivitäten habe ich bis auf wenige Ausnahmen eingestellt, zumal die »Dusche« meist schon während des Laufes verabreicht wurde. Und obwohl ich Fitness-Studios hasse, bin ich dabei, mich mit dem Laufband anzufreunden.

Selbst die alte Weisheit – es gibt kein schlechtes Wetter, nur unpassende Bekleidung – kann nicht trösten. Was ich mir wünsche, ist ein mitteleuropäischer Sommer mit Sonne und angenehmen Temperaturen.

Aber egal wie das Wetter ist, raus muss man.

Es lässt sich nicht länger aufschieben. Heute ist so ein Tag, an dem ich raus muss.

Ein Blick aus dem Fenster. Die Wolkendecke zeigt Lücken. Die Pfützen an den Straßenrändern sind spiegelglatt. Vielleicht schaffe ich heute meine Besorgungen, ohne den Schirm aufspannen zu müssen, wünsche ich mir. Mitnehmen werde ich ihn auf alle Fälle. Er hat in diesem Jahr die Sonnenbrille vom Platz Eins meiner sonstigen Sommerassesoirs verdrängt.

Also rein in die Schuhe, in Sandalen. Ich trage selbst bei Regenwetter meine Riemchensandalen, schließlich ist Sommer. Als ich sie mir zu Saisonbeginn gekauft habe, war die Zweckmäßigkeit von Gummistiefeln noch nicht absehbar. Da bestand Hoffnung auf einen schönen Sommer.

Mein erster Blick, als ich aus der Haustür trete, gilt dem nassen und verwaisten Biergarten nebenan. Wehmut kommt auf. Mögen wir es nicht im Winter, selbst bei Frost, ein Bier oder einen Kaffee im Freien zu trinken? Um dieses Stehvermögen beneiden uns sogar die Südländer. Aber im Regen und dazu noch im Sommer – nein.

Es ist heller und auch irgendwie freundlicher geworden. Es scheint, als wenn sich ein paar Sonnenstrahlen zwischen den dicken Regenwolken durchschlängeln wollen. Ein Blick zum Himmel. »Jetzt wird's«, und gleich bessert sich meine Laune. Nicht lange, denn während ich von oben Gutes erwarte, bin ich direkt am Straßenrand in eine der großen Pfützen getreten. Die Füße sind schon mal nass. Der Kauf von Gummistiefeln rückt auf meiner Besorgungsliste auf einen Spitzenplatz.

Bis zur Straßenbahnhaltestelle schaffe ich es im Trockenen, ohne Regen. Ein paar Minuten muss ich auf die Bahn warten. Ich bin die Einzige an der Haltestelle.

Das Gras zwischen den Schienen zeigt sich in saftigem Grün. Der Löwenzahn bietet alles, was er zu bieten hat, saftig grüne Blätter, weiße pralle Samenbällchen und vereinzelt dunkelgelbe Blüten. Auch die Straßenbäume scheinen mit dem feuchten Sommer gut zurechtzukommen. An den

Zweigen – saftiges Blätterwerk. Wenigstens die Natur scheint von diesem Sommer zu profitieren. Ein kühler Wind lässt mich frösteln. Die Halme der Gräser und wiegen sich im Wind. Es ist ein kalter Wind. Ich meine, sie wiegen sich nicht im Wind, sie zittern wie ich vor Kühle.

Die Straßenbahn ist schon zu sehen. Ein weiterer Fahrgast, eine Frau, findet sich an der Haltestelle ein. Sie geht unter einem Regenschirm. Die Zeit für trainierte 3.000 Meter muss vorbei sein. Es regnet wieder, nicht sehr stark, aber eben durchdringend und stetig.

Als die Frau neben mir steht, sagt sie halb an mich gerichtet und halb zu sich selbst: »Dieser Sommer ist für die Schirmindustrie gemacht.« Und ich ergänze: »... und für die Hersteller von wasserdichtem Schuhwerk.« Damit ist das Gespräch zu Ende.

Es wird wohl eher ein Sommer für den Psychiater. Und der wird »Sommerdepri« diagnostizieren. Möglicherweise eine bis dahin kaum bekannte Krankheit. Bei diesen Gedanken ist die Bahn an der Haltestelle. Ich steige ein und sinniere weiter: »Die Hoffnung auf einen sommerlichen Herbst oder den Sommer im nächsten Jahr bleibt.« Hoffnung kann trösten.

DIE PATENSCHAFT

Es gibt nur wenige Sendungen im Fernsehen, die ich fast nie verpasse. Eine davon ist die Dokusoap »Elefant, Tiger & Co.« Selbst Wiederholungen sind mir bei dieser Sendung willkommen. Und obwohl es nun schon fast jedes Tiergehege ins Fernsehen geschafft hat, sie bleibt mein Favorit. Und das hat zwei Gründe. Zum einen bin ich Fan von Tiersendungen. Warum mich »Elefant, Tiger & Co.« jedoch besonders begeistert, ist die Art mit der das sympathische Team des Zoos mit großer Kompetenz im wohlklingenden »Hochsächsisch« über ihre Arbeit und die Tiere informiert. Und zum anderen, ich habe meine Kindheit in einer kleinen Stadt bei Leipzig verbracht, und in dieser Zeit oft mit meinen Eltern den Leipziger Zoo besucht. Aber das ist schon über ein halbes Jahrhundert her.

Was liegt also näher, als dem Original einen Besuch abzustatten? In nur einer Stunde und zehn Minuten war ich mit dem ICE in Leipzig. Noch ein knapper Kilometer zu Fuß und ich stand an dem großen ehrwürdigen Eingangsportal des Zoos, dem Ort meiner Lieblingssendung.

An den Kassen Schlangen von Besuchern, aber keine Hektik und kein Drängeln; weit und breit liebenswerte sächsische Gelassenheit. Und ehe ich mich versah, hatte ich mein Ticket in der Hand. Nun konnte ich mir all das ansehen, was ich aus den Fernsehfolgen bereits kannte.

Gondwanaland war meine erste Station. Gondwanaland, der Urkontinent, bestehend aus den heutigen Kontinenten Südamerika, Afrika und Asien.

Auf dem Weg dorthin kam ich an der Straße der Prominenten vorbei. Wer hatte da nicht alles seine Hand oder seinen Fuß in Beton gedrückt; Stefanie Hertel noch gemeinsam mit Stefan Mross, Frank Schöbel, Geraldine Chaplin und weitere mehr oder weniger bekannte Persönlichkeiten. Sie hatten Patenschaften über »Elefant, Tiger & Co.« übernommen.

Die Fuß-, Hand- und Tatzenabdrücke regten mich an, darüber nachzudenken, ob vielleicht eine Tierpatenschaft eine nachhaltige Erinnerung an meinen Zoobesuch wäre.

Der Gedanke beschäftigte mich so, dass ich erst wieder in die Wirklichkeit zurückfand, als ich vor dem Eingang zum Gondwanaland stand.

Da stand ich nun am Eingang der riesigen Halle – Gondwanaland. Mit einem Boot startete ich auf dem Gamanil (gebildet aus den Namen der größten Flüsse unserer Erde; Ganges, Amazonas und Nil) meine Reise in die Vergangenheit und Gegenwart zugleich. Ehe ich mich versah, befand ich mich im Regenwald dieses Urkontinentes. Tiere aus unterschiedlichen Perspektiven zu beobachten, sie im dichten Grün des Regenwaldes zu entdecken, das hatte ich bisher nur auf meiner Australienreise erlebt.

Nach fast drei Stunden hatte ich den Urwald auf unterschiedlichen Pfaden durchstreift. Ich habe auf dem Baumwipfelpfad in die Baumkronen schauen können, habe auf einer Hängebrücke eine tiefe Schlucht überquert und überall Tiere, große, kleine und ganz kleine entdeckt.

Die hohe Luftfeuchtigkeit und Temperatur hatten mich ganz schön ermüdet, aber nicht den Gedanken an eine Tierpatenschaft aus meinem Kopf verdrängt. Eine Tierpatenschaft könnte mein kleiner Beitrag für den Erhalt der Artenvielfalt auf unserem Planeten sein. Jetzt hatte ich schon zwei Gründe, eine Tierpatenschaft zu übernehmen.

Ja, das wäre es. Und augenblicklich begann ich davon zu träumen, Patin der Totenkopfäffchen-Familie oder der Löwin Luena, deren Partner bereits einen Paten gefunden hat, zu sein. Besser noch ein Elefant, der hat Größe in jeder Hinsicht. Gedanklich arbeitete ich mich durch das Tierreich. Musste aber bald ernüchtert feststellen, dass die Übernahme einer Patenschaft, zumindest für die Tierart, die mir vorschwebte, meine Finanzen nicht hergaben. Praktisch würde es beträchtliche Einschränkungen für mich bedeuten. Meine Begeisterung litt erheblich. Fast ein wenig traurig strebte ich dem Ausgang zu.

Noch beschäftigte mich das mögliche Scheitern meines Vorhabens, als ich unerwartet vor der Anlage der Blattschneideameisen stand. Emsig trugen unzählige Tiere Teile von Blättern durch lange Glasröhren zu ihrem Nest. Faszinierend mit welcher Betriebsamkeit diese Tiere Blattstücke, die sie um ein vielfaches an Größe und Gewicht übertrafen, zum Wohle ihres Ameisenstaates in ihr Nest trugen. Bewundernswert.

Während ich den Tieren zusah, fiel mir eine Folge meiner anfangs erwähnten Lieblingssendung ein. In ihr wurde unter den Zigtausenden von Blattschneideameisen die »Schönste« für ein Fotoshooting ausgesucht. Die »Schönheit« sollte die zwei bis drei Millionen Artgenossinnen ihres Staates stellvertretend repräsentieren. Und für eine Blattschneideameise konnte man eine Tierpatenschaft übernehmen. Das war es! Eine Tierpatenschaft für eine Blattschneideameise!

Schnell hatte ich mich durchgefragt, wie und wo man solch eine Patenschaft erwerben konnte. Es dauerte gar nicht lange, und ich war im Besitz eines Fotos dieser Spezies. Der Beleg für eine Tierpatenschaft. Für drei Euro war ich Patin für die Blattschneideameise 0331 geworden.

Eigentlich war das Foto eine Postkarte. Auf der Rückseite der Karte stand »Grußpatenschaft«. Also man konnte diese Patenschaften als Gruß vom Besuch des Leipziger Zoos verschicken. Ich erwarb noch einige solcher Grußpatenschaftspostkarten, alle zertifiziert.

Im Restaurant »Patakan« bei einem gut gekühlten Fruchtmixgetränk schlug ich mein Adressbuch auf und schrieb an meine Familie und Freunde einen Gruß aus dem Leipziger Zoo, eben auf diese Postkarten.

Meiner Blattschneideameise gab ich den Namen Hertha. Nummer 0331 fand ich nicht angemessen für dieses fleißige Tier.

Zu Hause habe ich das Foto eingerahmt. Es hängt in meinem Flur.

Oft stehe ich vor dem Bild und lese die Nummer, die meine Blattschneideameise erhalten hat: 0331. Bei zwei bis drei Millionen Blattschneideameisen, die in einem Ameisenstaat leben – welch ein Potenzial für Tierpatenschaften.

SCHUHKAUF –
IST DAS WIRKLICH SO?

Es hat sich bei Paul und mir bewährt, dass wir gemeinsame Einkäufe meiden. Der Kauf des Kleides für die Theaterpremiere ist uns beiden noch gegenwärtig und der ging nicht besonders harmonisch aus.

Manches Mal lässt es sich aber nicht vermeiden, den Einkaufsbummel gemeinsam zu bestreiten. Paul versicherte mir, dass er nur zum Gucken mitkommt und sich mit Äußerungen zurückhalten würde. Ich hoffte, dass er diese selbst auferlegte Zurückhaltung auch durchhalten würde. Einen Grund, weshalb Paul mich begleiten wollte, konnte ich nicht erkennen. Ich dagegen hatte einen Grund, einen wichtigen. Ich musste für mein neues Kleid unbedingt ein Paar passende Schuhe haben. Meine Vorstellungen waren sehr konkret. Schicke schwarze Pumps sollten es sein. Die Absätze in der Höhe, die ich in meinem Alter gerade noch verkraften kann, ohne dass ich nach dem Tragen einen Orthopäden aufsuchen muss. Sie sollten elegant aussehen und meinen Füßen schmeicheln. Eine schwierige, aber hoffentlich zu lösende Aufgabe, dachte ich. Wenn nur Paul mit seinem Versprechen durchhält.

Ein Schuhladen war schnell gefunden. Bei der Betrachtung der Auslage wurde mir bewusst, es ist Winter. Die Regale voll mit einem ausgesuchten Winterschuhsortiment, das keiner mehr wollte. Neutrales Schuhwerk, solches zu festlichen Anlässen, nicht im Angebot.

Ich gab Paul zu verstehen, dass ich den Laden verlassen wollte. »Schon fertig?«, fragte er, ohne eine weitere Bemerkung. Wortlos machte ich ihn darauf aufmerksam, dass ich außer meiner Tasche nicht irgendwelche anderen Tüten oder Taschen trug. »Wir gehen in den nächsten Laden. Wenn du möchtest, kannst du auch in dem kleinen Café auf mich warten«, bot ich ihm an. »Nö, ich gucke ja nur«, war seine kurze Antwort.

Im nächsten Schuhgeschäft fast das gleiche Angebot, wie in dem Laden, den wir soeben verlassen hatten. Sollte man überhaupt zu den winterlichen Restmodellen noch Angebot sagen? Ich wollte schon den Einkauf beenden, als ich in einer Eckvitrine entdeckte, was ich suchte: Pumps aus weichem Leder in verschiedenen Farben, aber die Absätzen fast zu hoch. Der Preis überstieg für einen kurzen Augenblick mein für den Kauf vorgesehenes Budget. In diesem Moment schien ich zu vergessen, dass ich nur mein Schuhsortiment vervollständigen und erweitern wollte. Nein, ich brauchte dringend diese Schuhe. Es war so zwingend, als müsste ich sonst barfuß gehen. Ich befand mich in dem Zustand, der Frauen veranlasst, Schuhe zu kaufen, ohne auch nur im Entferntesten zu registrieren, dass die Anzahl der Schuhe im heimischen Schuhschrank durchaus ausreichend ist. Und dafür gibt es einen einfachen Grund. Wir haben beim Schuhkauf niemals Stress, was die Schuhgröße anbelangt. Einmal Schuhgröße 37, immer 37, ganz gleich wie der Rest unseres Körpers zwischen den Konfektionsgrößen schwankt. Man sagt der Verkäuferin: »37«, und sie passen. Wenn nicht, dann liegt es an den Herstellern oder sie gefallen uns nicht in Form und Farbe. Anders ist das beim Kauf von Bekleidung. Da kann man Überraschungen erleben, die meist schockierend sind. Wenn man vor einem Vierteljahr noch Größe 36 sagte, dann kann es durchaus passieren, dass man eine Größe zulegen muss.

Nach einigem Suchen hatte ich eine Verkäuferin auf mich aufmerksam gemacht. Ich trug ihr meinen Wunsch vor und zeigte auf die schwarzen Pumps in der Vitrine. Etwas unentschlossen schaute sie mich an. Erst als ich ihr zu verstehen gab, dass ich die Schuhe, wenn sie passen, auch kaufen möchte, kramte sie aus dem Schrank unter der Vitrine das gewünschte Paar schwarze Pumps in Größe 37. Sie nahm den Deckel vom Karton, reichte mir einen Schuhlöffel und zeigte mit ihrer Hand unmissverständlich an das Ende der Regalreihe. Da stand ein Hocker und dort sollte ich anprobieren. Ich nahm die Schuhe aus dem Karton. Sie saßen wie angegossen. Nichts drückte. Ein Blick in den Spiegel und meine Beine samt den Schuhen gaben ein gutes Bild ab. Warum sieht man sich eigentlich beim Schuhkauf immer nur bis zum Knie? Darüber nachdenken wollte ich nicht, denn ich war zufrieden und wollte, musste sie haben!

Als ich den Laden mit dem Schuhkarton in der Hand und der Gewissheit – die sind jetzt meine – durchquerte, bemerkte ich, dass Paul mich die ganze Zeit beobachtet hatte. Er hatte sich aber an sein Versprechen gehalten – bisher kein Kommentar.

Eigentlich ist es doch nett, dass er mitgekommen ist. Ich hielt den Schuhkarton so, dass er den Inhalt sehen oder eher erahnen konnte. »Paul, gefallen sie dir?« Ich hatte mit vielen Antworten gerechnet, aber nicht mit dieser. »Hast du nicht schon schwarze Schuhe?« Na klar hatte ich Schuhe, auch schwarze und mindestens 50 Paar, aber eben keine schwarzen Pumps.

Wollte er mir zu verstehen geben, dass er weit weniger Schuhe als ich besitzt und sie nach seinen Vorstellungen ausreichend sind? Der Diskussion über die Anzahl seiner Schuhe wollte ich aus dem Weg gehen. Bei dem Stand von 50:10 hätte ich einige Argumente aufzeigen müssen. Und so fragte ich mehr aus Höflichkeit, ob es nicht an der Zeit wäre, auch mal für ihn neue Schuhe zu kaufen. Passend zu seinem neuen grauen Anzug, wären sie sogar ein notwendiger Kauf. Er sah mich an: »Ich habe genug Schuhe, die reichen.« Das war keine Aussage zu seinem Schuhwerk. Das war eine Weigerung, den Bestand zu erhöhen.

Warum sind die meisten Männer, wenn es um Kauf von Schuhen oder Bekleidung geht, so zurückhalten? Ich mochte nicht darüber nachdenken. Ich hatte meine Schuhe und Paul würde nicht zu überreden sein, seinen Schuhbestand zu erweitern.

Irgendwann werde ich mal seine Füße auf Papier malen und dann kann ich mit diesem Fußabdruck vielleicht die passenden Schuhe zum grauen Anzug für ihn kaufen.

Die Magie der Töne

Es ist mein letzter Konzertabend in dieser Saison. Wie immer bin ich zu zeitig im Konzerthaus. Es muss vielen so gehen, denn ich bin, obwohl fast noch eine Stunde Zeit ist, bis das Konzert beginnt, nicht die erste. Meinen Mantel gebe ich an der Garderobe ab, nicht meine Erwartung und Freude auf das Konzert. Mit einem Glas Sekt stimme ich mich auf den Abend ein.

Nach und nach füllt sich das Foyer. Mit dem ersten Klingelzeichen, das die Besucher auffordert, im Konzertsaal Platz zu nehmen, gehe ich zu meinem Platz.

Meine Nachbarn kenne ich, denn wir sitzen während der gesamten Konzertsaison immer auf den gleichen Plätzen; ich Reihe 7 Platz 9. Zu meiner Rechten sitzen zwei Herren im fortgeschrittenen Alter, immer korrekt gekleidet und sichtlich erleichtert darüber, dass ihre beiderseitige Zuneigung von der Öffentlichkeit akzeptiert wird; links von mir ein Ehepaar – Mitte vierzig. Beeindruckend bei Beiden sind ihre Outfits.

In dieser Saison alles kariert. Sie scheinen Karostoffe zu lieben, aber vielleicht haben sie auch einen schottischen Migrationshintergrund. Der Hosenanzug und die Kleider der Frau nebst Einstecktuch des Mannes – in dieser Saison kariert. Einzig Größe und Farbe der Karos variieren. Obwohl das Design ihrer Figur wenig schmeichelt, die ziehen das durch, auch heute zum letzten Konzert,

Als ich meinen Sitzplatz einnehme, sind die Plätze des »karierten« Ehepaares noch leer.

Nach dem dritten Klingelton, er fordert die letzten noch im Foyer verweilenden Besucher auf, ihre Plätze nun endgültig einzunehmen, drängt sich ein junges Paar durch die schon besetzte Stuhlreihe. Wir müssen alle noch einmal aufstehen. Es ist die letzte größere körperliche Bewegung bis zur Pause. Ich tue es nicht ungern und streiche meinen Rock noch einmal glatt, ehe ich ihn in der nächsten dreiviertel Stunde zu einem Plisseerock falte.

Das junge Paar ist festlich gekleidet. Er trägt einen dunkelblauen Anzug und Krawatte, sie ein kleines, sehr apartes Schwarzes. Sie entschuldigen sich brav, dass wir alle noch einmal aufstehen mussten, um ihnen den Weg zu ihren Plätzen ohne sportliche Herausforderung zu ermöglichen und nehmen Platz.

Bevor sie der Ansage im Saal folgen das Handy auszuschalten, checken sie noch kurz, ob zu Hause alles seine Ordnung hat. So etwas ist heute mit iPads durchaus möglich, staune ich, obwohl ich den allzu freizügigen Gebrauch von Handys in der Öffentlichkeit nicht besonders schätze. Heute Abend bringt er mich zum Staunen.

Nachdem der Checkup zu Hause erledigt ist, verschwindet das Handy in der Anzugtasche des Mannes.

Das Licht im Saal wird gleißend hell und die Musiker nehmen auf dem Podium Platz. Erster Applaus der Besucher. Der Konzertmeister gibt den Kammerton »a«, und alle Musiker stimmen ihre Instrumente auf diesen Ton ein.

Das junge Paar neben mir ist von dem Geschehen beeindruckt. Trotz der nicht unerheblichen Geräuschkulisse bei der Suche nach dem Kammerton, höre ich, wie der junge Mann seine Partnerin fragt: »Ich möchte wissen, warum die Musiker geworden sind?« Um sich gleich darauf die Antwort selbst zu geben. »Vielleicht mussten die Musiker werden, weil ihre Eltern es wollten«, spricht er leise, für mich aber noch hörbar zu seiner Partnerin. Der große Anteil junger Musiker im Orchester scheint ihm – verglichen mit seinem Alter und beruflichen Werdegang – möglicherweise zu dieser Frage veranlasst haben. Die junge Frau antwortet nicht. Sie stellt fest, dass die Stühle nicht sehr bequem sind.

Warum kommt dieser Mann, dem ich durchaus eine gute Bildung bescheinigen würde, nicht auf die Idee, dass die Musiker ihren Beruf aus Leidenschaft zur Musik ausüben, ihn lieben, ihn als eine Art Berufung sehen, geht es mir durch den Kopf. Mit meinen Überlegungen komme ich nicht weit. Das Stimmen der Instrumente ist beendet. Dirigent und Solist betreten den Saal. Applaus! Die nächste dreiviertel Stunde erklingt Frederic Chopins 1. Klavierkonzert in e-Moll. Dieses Werk gehört übrigens zu den wenigen Werken Chopins, die er nicht ausschließlich nur für Klavier geschrieben hat. Orchester und Pianist liefern sich ein Duell der Töne. Der Pianist ist noch keine 40 Jahre alt. Laut Programmheft gehört er zu den begabtesten Musikern unserer Zeit. Sein Spiel ist beeindruckend, auch wenn die Art seiner Darbietung sehr sportlich wirkt. Es ist ein musikalisches Erlebnis, ein Genuss diesem Wettstreit zwischen Orchester und Solist zu lauschen.

Neben mir wird es von Zeit zu Zeit unruhig. Die Unruhe meiner Nachbarn lenkt mich von der Musik ab. Zu Chopins Klavierkonzert versuche ich sie zu analysieren. Sie scheinen, so orakle ich, zu den aufsteigenden Businessmenschen zu gehören. Möglicherweise haben sie schon ein paar Sprossen auf der Aufstiegsleiter hinter sich gelassen. Sie machen einen sehr gebildeten Eindruck, Äußeres und Benehmen tadellos. Mit klassischer Musik scheinen sie aber nicht viel anfangen zu können.

Öfter schaut er auf die Uhr und flüstert ihr etwas ins Ohr. Die warten auf die Pause, schlussfolgere ich. Nach 40 Minuten haben sie es geschafft. Die letzten Töne sind verklungen und das Publikum ist begeistert. Der Beifall der Beiden ist verhalten. Sie klatschen mit den anderen mit.

Das Licht im Saal dimmt. Die ersten Besucher verlassen ihre Plätze. Der junge Mann wendet sich an mich und fragt: »Und was ist jetzt?«

»Pause«, antworte ich.

Gleich darauf er: »Wie lange?«

»Wenn es im Foyer läutet, dann ist die Pause zu Ende«, kläre ich ihn auf.

»Wie lange etwa?«

»20 bis 30 Minuten«, gebe ich weiter Auskunft. Dann stehen beide auf und verlassen den Saal. Auch ich erhebe mich von meinem Platz, um mir ein wenig die Beine zu vertreten und den Rock zu »entfalten«.

Nach der Pause sitzen beide wieder auf ihren Plätzen. Oh, stelle ich fest, sie halten durch.

Der junge Mann erzählt mir seine Eindrücke, die er in der Pause gewonnen hat. »Es sind nur wenige Besucher festlich gekleidet«, stellt er fest. Ich kann nur zustimmen. Auch seien viele Senioren unter den Zuschauern. Auch das kann ich ihm bestätigen. Und ich erinnere ihn daran, dass mehr als ein Viertel der Bevölkerung in unserem Land der Kategorie »Senioren« zuzuordnen ist. Ich versuche aber seine Feststellung etwas zu mildern, damit er sich hier nicht als »Exot« fühlen muss. »In den Konzerten von Justin Biber oder Michael Bublé zum Beispiel, sind möglicherweise wir, die Senioren, eine Minderheit«, versuche ich ihm eine einigermaßen taugliche Antwort zu geben.

Wir müssen das Gespräch beenden, das Orchester hat bereits wieder auf dem Podium Platz genommen. Der Kammerton »a« ist von allen gefunden und der Dirigent, ein erst 34-jähriger Japaner, betritt das Dirigentenpult.

Den zweiten Teil des Konzertes bestimmt Tschaikowskys Musik. Es erklingt die 4. Sinfonie in f-Moll. In den vier Sätzen der Sinfonie hat Tschaikowsky seine Sehnsüchte, sein Schicksal und seine Phantasien in seiner letzten Schaffensperiode musikalisch umgesetzt. Das Finale verlangt vom Orchester höchste Virtuosität. Erst jetzt kann man die scheinbare Leichtigkeit, mit der der Dirigent das Orchester führt, ganz und gar wahrnehmen, war doch das Augenmerk im ersten Teil des Konzertes mehr auf den Pianisten gerichtet. Mit feiner Gestik oder vollem Körpereinsatz gibt der Dirigent den Takt an und das Orchester folgt seinen Einsätzen.

Die letzten Töne sind noch nicht verklungen und das Publikum jubelt. Das junge Paar neben mir ist mitgerissen von der Musik. Sie stehen von ihren Plätzen auf und jubeln dem Orchester zu. Man kann ihnen ihre Freude und Begeisterung über das eben Gehörte ansehen.

Wie sind sie zu diesen Karten gekommen, frage ich mich. Waren sie ein Geschenk, das man nicht abschlagen konnte? Oder war es Neugier auf klassische Musik? Ich werde es nie erfahren.

Mit einem Kopfnicken und Lächeln verabschieden wir uns voneinander.

So wie der Abend für die Beiden endet, vermute ich bei ihnen Neugier auf mehr.

Auf alle Fälle waren die Beiden für mich eine Abwechslung und ein aufschlussreicher Ersatz für die Karierten.

DAS GEHEIMNIS
DER DAMENHANDTASCHE

In der Wochenendbeilage der Zeitung entdeckte ich einen Artikel über den Inhalt von Frauenhandtaschen. Da widmete sich doch tatsächlich ein französischer Soziologe einem der letzten Rätsel der Gegenwart, wie er es nennt, den Inhalten von Frauenhandtaschen. Über Erfahrungen scheint dieser Soziologe, zumindest was sein Alter an Erfahrungen so hergibt, zu verfügen. Er hat bereits 64 Jahre auf dem Buckel und hat nach eigener Angabe 75 Frauen das Geheimnis ihrer Tascheninhalte entlocken können. Und von dem, was sie in ihren Taschen mit sich herumschleppen, hat er auf das psychische Befinden der Frauen Rückschlüsse gezogen; wissenschaftliche versteht sich.

Ob die Frauen ihm die Wahrheit gesagt haben, warum sie dieses oder jenes mit sich herumtragen, ich bezweifle es.

In einem Selbstversuch werde ich den Inhalt meiner Tasche offenlegen.

Eigentlich haben wir Frauen weitaus spektakulärere Geheimnisse als unsere Tascheninhalte, zum Beispiel Schuh- und Taschenkäufe. Warum können wir bei Taschen- und Schuhkäufen nicht maßhalten? Aber das ist eine andere Geschichte. Nur so viel dazu. In der ersten Hälfte meines Lebens war ich Frau über 64 Taschen. Im Laufe der Jahre hat sich diese Zahl auf acht reduziert, plus eine Kuvert- oder auch Unterarmtasche genannt. Letztere benutze ich heute nur noch zur Aufbewahrung von wichtigen Dokumenten, wenn ich auf Reisen bin. Dann wird sie zur Tasche in der Tasche. Tatsächlich benutze ich alltags nur zwei Taschen und eine weitere ist festlichen Anlässen vorbehalten.

Nun aber zurück zu den mit vielen Geheimnissen umgebenen Inhalten von Damenhandtaschen.

Was schleppe ich so mit mir rum und warum? Was füllt meine Tasche?

Zur Größe meiner Tasche so viel; sie ist für meine Körpergröße gerade noch passend. Vielleicht sollte ich klären, warum sie so groß ist. Der Soziologe würde sie sicher mit meiner Körpergröße in Verbindung bringen und sie als einen assoziierten Ausgleich meinerseits zu meiner Körpergröße sehen. Nein, falsch. Ich benutze sie, weil sie mir gefällt und sie farblich gut zu meiner Kleidung passt.

Aber nun zum Inhalt!

Ich schreite zum praktischen Versuch und kippe alles, was sich in meiner Tasche befindet, auf den Tisch. Es klimpert und klappert ganz schön.

Auf dem Tisch liegen zwei kleine Täschchen, ein Regenschirm mit Hülle, ein Brillenetui mit Inhalt, eine Geldbörse fürs Kleingeld, ein Taschenkalender und ein Paar Füßlinge. Bislang nichts Ungewöhnliches, bis auf die Füßlinge. Die habe ich im Sommer für eventuelle Schuhkäufe immer bei mir. Also nichts Spektakuläres. Möglicherweise bringt der

Inhalt der kleinen Täschchen noch Ungewöhnliches oder Auffallendes ans Tageslicht.

Zuerst öffne ich die kleine Tasche aus weißem Filz. Sie ist verziert mit kleinen bunten Filzblüten und könnte durchaus auch solo benutzt werden. Der Inhalt erschöpft sich mit Adressbuch, Notizblock und Stift, meine Monatskarte, Ausweis und Papiergeld sowie Kreditkarte. Eben nichts Besonderes oder Bemerkenswertes, einfach normalo.

Die zweite kleine Tasche ist aus abwaschbarem beige-blau gestreiftem Material mit einem aufgedruckten Engel. Das Äußere schließt eine Benutzung außerhalb der Tasche aus. Sie ist mein »Überlebenspäckchen«. In ihr sind aufbewahrt: ein Taschenmesser in einem kleinen schwarzen Etui. Ich habe es vor langer Zeit von einem Freund geschenkt bekommen. Einen Teelöffel, man möge es mir verzeihen, den habe ich während einer Radtour in einer Jugendherberge mitgehen lassen. Wir haben damals oft unterwegs Joghurt gegessen, und ein Verzehr dieses Nahrungsmittels ohne Löffel ist schwierig. Die kleine Schere ist eine Ergänzung zum Taschenmesser. Eine der wichtigsten Utensilien ist ein Flaschenöffner. Er wurde in das »Überlebenspäckchen« aufgenommen, nachdem ein Kioskbesitzer mir eine Fruchtsaftflasche mit Kronenverschluss nicht öffnen konnte und ich dem Verdursten nahe war.

Das, was jetzt noch auf dem Tisch liegt, klimpert lose in der Tasche herum. Für das Outfit ein Kamm, Taschenspiegel und eine kleine Dose Hautcreme für die ältere Haut. Alles im Miniformat. Also auch nichts Besonderes.

Vergeblich sucht man in meiner Tasche Getränkeflaschen gleich welcher Größe. Ach, natürlich habe ich immer ein Handy bei mir. Das hat in einem Seitenfach der Tasche seinen Platz.

Was ist nun so besonders an den Inhalten der Damenhandtaschen?

Sollte ich ein Einzelfall sein? Egal auch wie.

Ich finde es weitaus aufregender zu erkunden, wie Männer all ihre Utensilien, die sie benötigen, unterbringen. Ich meine nicht die Männer, die mit riesigen Business- und Umhängetaschen aus alten Autoplanen umherlaufen, oder die, die noch immer am Handgelenktäschchen hängen. Ich meine die mit einer Jackettinnentasche und zwei Außentaschen, ergänzt durch vier Hosentaschen, zwei vorn und zwei hinten. Und da ergeben sich für mich einige Fragen. Wozu ist das kleine eingenähte Täschchen im Futter der rechten Jackettaußentasche? Oder, wo verstauen sie all das, was sie mit sich herumtragen? Und was schleppen sie überhaupt mit sich herum? Wo sind das Geld und die Papiere verstaut? Sind Kreditkarte und Ausweis getrennt? Fragen über Fragen. Aber es wird sich mit Sicherheit kein Wissenschaftler finden, der seine Forschungen der Beantwortung dieser Fragen widmet.

Ich werde versuchen, diese Fragen zu beantworten, und Paul wird die Versuchsperson sein. Das Ergebnis wird nicht repräsentativ sein, aber ich werde wenigstens wissen, wo Paul seine wichtigen Dinge bei unseren Spaziergängen, Einkäufen und Reisen unterbringt.

Gedanken zum 6. Juli

Der Frühstückstisch ist gedeckt. Es könnte losgehen, es könnte. Paul ist nicht da. Wo bleibt er nur? Neben seinem Teller liegt ein Blatt Papier. Eine Botschaft orakle ich. Und während ich auf Paul warte, wird meine Neugier immer größer. Ich greife nach dem Blatt. Auf dem Zettel stehen Namen. Inge und Rainer, Mala und Klaus, Lena und Robert, Britta, Susanne, Jürgen, Achim und weitere, lese ich. Es sind die Namen unserer Freunde. Was hat die Auflistung unserer Freunde zu bedeuten? Gibt es einen Anlass dafür? Möchte Paul zu einer Party einladen? Um das herauszufinden, brauche ich ihn. Wo er nur bleibt? Als ich mich umdrehe, steht er bereits in der Tür. »Ich musste eben nochmal schnell googeln«, entschuldigt er sich für sein Zuspätkommen. »Was in aller Welt ist so wichtig, dass es nicht Zeit bis nach dem Frühstück hat?«, frage ich ihn und nun noch neugieriger geworden, schiebe ich gleich noch eine Frage hinterher. »Was hast du denn so Wichtiges gegoogelt?« Sein verschmitztes Lächeln lässt meine Neugier weiter anwachsen. Mit einer bedeutungsvollen Geste hält er mir den Googleausdruck vor die Nase. Erkennen kann ich nicht viel, denn meine Lesebrille hat noch nicht ihren angestammten Platz eingenommen, sie liegt noch auf dem Tisch. »Weißt du, was heute für ein Tag ist?«, schürt er meine Neugier weiter an. Schnell frage ich mein Hirn ab: Geburtstage – nein, Ehrentage – nein, Verabredungen – nein. Mir fällt nichts mehr dazu ein. Keine Ahnung – gebe ich ihm mit einem Schulter-zucken zu verstehen. »Heute ist der Tag des Kusses«, platzt es aus Paul heraus. Meine erste Reaktion: »Toll, und wo bleibt der Frühstückskuss?« Umgehend holt er das Versäumte nach. Ich kann mir den Zusammenhang zwischen »Tag des Kus-ses«, der Googelrecherche und der Liste unserer Freunde noch immer nicht erklären.

Paul schwenkt den Computerausdruck durch die Luft und klärt mich auf: »Es gibt Forschungsergebnisse, die besa-gen, dass wir uns durchschnittlich 3,2 mal am Tag küssen.« Ich rechne nach und stelle fest, Paul und ich liegen über dem Durchschnitt. »Aber was haben die Forschungsergebnisse zum Küssen mit den Namen auf der Liste zu tun?«, möchte ich nun wissen. »Ich habe sie mal überprüft, ob sie im Durch-schnitt liegen.«

»Woher kennst du die Kussgewohnheiten unserer Freunde?«, hake ich ungläubig nach. »Man kennt sich ja«, ist Pauls überzeugte Antwort und dann folgt seine Analyse. »Sieh mal, Inge und Rainer: Rainer küsst woanders, weil Inge nicht mehr von Rainer geküsst werden will. Lena und Robert haben ihr Zusammenleben auf Küchensex reduziert. Alles Verlangen wird auf gehaltvolles und zu üppiges Essen redu-ziert. Nur noch gemeinsam Essen und sich sonst nicht mehr berühren. Jürgen hat keinen oder keine zum Küssen. Bei Irene ist es ebenso. Zusammenbringen kann man die beiden auch nicht, denn sie finden sich sympathisch und das schon seit Jahrzehnten. Da entsteht kein Kussklima mehr. Nach und nach finde ich Pauls Untersuchung interessant und beteilige mich aktiv an seinen Nachforschungen. Gemeinsam stellen wir fest, dass bei einigen unserer Freunde die Zärtlichkeit, die Liebe, dem Nebeneinander in der Partnerschaft auf der Strecke geblieben ist. Die Versorgungsgemeinschaft dominiert. Allein Mala und Klaus bescheinigen wir aus unserer Sicht eine intakte Beziehung.

Jetzt kommt bei mir der Mathematiker durch. »Paul«, sage ich, »wenn wir davon ausgehen, dass unsere Freunde für solch eine Betrachtung repräsentativ sind, dann sieht es nicht gut mit den partnerschaftlichen Beziehungen und dem Kussverhalten aus. Paul, wir müssen die Anzahl unsere täglichen Lippenberührungen erhöhen, damit der Durchschnitt gehalten wird. Was meinst du, wie viele werden es mehr werden müssen?«

»So viele, wie wir zusätzlich noch schaffen können«, ist seine Antwort und dabei lächelt er.

Mit dem Fahrrad, zu Fuss oder doch lieber mit dem Auto?

Es war einer der Tage, an dem am Morgen alles stimmte. Wir hatten gut geschlafen. Wir frühstückten in einer Atmosphäre, die besser nicht hätte sein können. Gut gelaunt überlegten wir, was heute zu erledigen war. Und weil wir so gut drauf waren, stellten wir uns der Herausforderung, heute auf das Auto zu verzichten. Paul entschloss sich, seine Besorgungen zu Fuß zu erledigen, ich nahm das Fahrrad.

In einem Stimmungshoch verließen wir gemeinsam das Haus.

Nach etwa zwei Stunden hatte ich alles erledigt; von Paul noch keine Spur. Natürlich war ich mit dem Fahrrad schneller und außerdem fielen Begegnungen mit Bekannten, die auf einen kleinen Plausch aus waren, weg. Ich musste mich auf den Verkehr konzentrieren, und für mitteilsame Bekannte blieb nur als Gruß ein freundliches Kopfnicken.

Als ich mein Fahrrad wieder in den Fahrradkeller zurück gebracht hatte, musste ich feststellen, dass ich von der morgendlichen Radtour irgendwie gestresst war. Dabei ist Rad fahren doch eine der umweltschonendsten Arten, sich fortzubewegen, und gesund ist es außerdem. Wenn da nicht die anderen Verkehrsteilnehmer wären; in meinem Fall die Motorisierten.

Es war wie immer. Rücksichtslos erzwingen sie sich die Vorfahrt und überhaupt machen sie ihr Recht, die Straße benutzen zu dürfen, recht robust geltend. Um irgendwelchen Gefahren beim Linksabbiegen aus dem Weg zu gehen, habe ich meine eigene Regelung, die Fahrtrichtung zu ändern. Ich fahre über die Kreuzung und mache dann ich eine Wende um 90 Grad und bin wieder ein Geradeausfahrer in die andere Richtung. Es nützt nichts, wie sehr ich mich bemühe als Radfahrer nicht aufzufallen, ich werde an den Straßenrand gedrängt, auf den Teil der Verkehrsfläche, der in der Regel gepflastert ist und wo sich die Regenabflüsse befinden. Selbst auf diesem Fahrstreifen bin und bleibe ich für die Motorisierten ein Hindernis. Auch auf gekennzeichneten Radwegen verwehren mir Autofahrer, ein gleichberechtigter Verkehrsteilnehmer zu sein. Stehe ich an der Kreuzung, weil die Ampel »rot« zeigt, muss ich mir flapsige Bemerkungen der Motorisierten anhören, obwohl ich noch nicht einmal ihre Fahrspur benutze oder kreuze. Aber es heißt nun eben mal Fahrrad und nicht Laufrad. Vielleicht hätte die Entwicklung dieses Fortbewegungsmittels auf der Stufe Laufrad stehen bleiben sollen, dann wären wir auf dem Bürgersteig möglicherweise willkommenere Verkehrsteilnehmer, oder auch nicht.

Wenn ich dann endlich einen Radweg erreicht habe, der auf dem Bürgersteig gekennzeichnet ist, werde ich sofort als Rowdy stigmatisiert. Jedoch nach der Straßenverkehrsordnung habe ich mich auf diesem für Radfahrer gekennzeichneten Teil des Gehweges zu bewegen. Trotz andersfarbig gepflasterten Streifen und mit Schildern für alle sichtbar, ernte ich nur drohende Blicke und Kopfschütteln, wenn ich mit einem zarten Klingelton die Fußgänger darauf aufmerksam mache, dass ich an ihnen vorbeifahren möchte. Sie sind nicht besser als die Motorisierten. Im Grunde sollte ich das Fahrrad schieben, aber wie gesagt, es ist ein Fahrrad und kein Schieberad.

Na gut, ich könnte diesem Konflikt aus dem Weg gehen und in der Stadt auf das Fahrrad verzichten und es nur noch für Touren außerhalb der Stadt benutzen.

Nachdem ich nun heute als Radfahrerin wieder ein ungeliebter Verkehrsteilnehmer war, kreist in meinem Kopf der Gedanke: es muss einen Haken haben, warum die Radfahrer gleichsam bei Motorisierten und Fußgängern so unbeliebt sind? Während ich mir den Kopf darüber zerbreche, kommt Paul zurück. Schon wie er das Gartentor öffnet, lässt ahnen, dass irgendetwas erheblich an seiner guten Laute genagt haben muss. Die Frage: »Was ist los?«, kann ich mir verkneifen. Noch während er seine Jacke an die Garderobe hängt, überfällt er mich mit einem für ihn untypischen Wortschwall.

»Weißt du«, beginnt Paul seinen Bericht, »als Fußgänger wird man von den übrigen Verkehrsteilnehmern eigentlich nur als Störfaktor wahrgenommen. Rücksichtslos preschen sie an einen heran, die Motorisierten wie die Biker«, wettert er. Ohne eine größere Atempause zu machen, redet er weiter: »Klingeln, Hupen oder ähnliche Alarmvorrichtungen haben sie oder benutzen sie nicht. Bestenfalls quietschen die Bremsen. Aber dann muss man auch schon einen ordentlichen Spurt hinlegen, um einer realen Berührung mit ihnen auszuweichen. Wo bleiben wir Fußgänger?«, beendet Paul seinen überaus emotionalen Bericht von seinen Einkaufserlebnissen. Ergänzt aber unbedacht mit dem folgenden Satz seine Berichterstattung: »Am schlimmsten sind die Radfahrer!« Das war ein direkter Angriff auf meine morgendlichen Besorgungen mit dem Rad. Jetzt hilft es nichts, auch wenn ich die Harmonie störe, ich muss Paul antworten oder ihm eine Frage stellen. »Paul überlege mal«, beginne ich, »als du letztens mit dem Fahrrad unterwegs warst, hast du dich ganz schön über die Fußgänger empört, wie sie, ohne auf Verkehrszeichen zu achten, über die Kreuzung laufen ohne überhaupt nur einen Blick nach rechts oder links zu riskieren. Na, und wenn du im Auto sitzt und nur den rechten Fuß etwas bewegen musst, dann stehen alle anderen Verkehrsteilnehmer unter deinen kritischen Blicken und das, was sie dann von dir zu hören bekommen, zum Glück höre ich es nur, sind meist nicht sehr freundliche Worte. Sei froh, dass du heil wieder zu Hause angekommen bist.« In diesem letzten Satz steckt eine Menge Ironie, und Paul hat es bemerkt. Mit großen Augen schaut er mich an und möchte antworten. Aber ich falle ihm ins Wort: »Paul, so sind wir Menschen eben. Uns fehlt es an Toleranz, nicht immer nur aus einer Sicht etwas zu bewerten. Aber wir werden es lernen müssen in allen Bereichen unseres Lebens. Nicht nur im Straßenverkehr müssen sich alle Verkehrsteilnehmer respektieren. Und das gelingt am besten, wenn jeder sich nach den Vorschriften verhält und gegenseitige Rücksichtnahme walten lässt.«

Ich merke, dass ihn meine Argumente nicht überzeugen und die Diskussion könnte sich in die Länge ziehen. Mit meinem Vorschlag könnte ich vorerst unser Gespräch zu diesem Thema beenden und der lautet: Wir werden unsere Besorgungen künftig gemeinsam mit dem Fahrrad, zu Fuß oder doch lieber mit dem Auto erledigen.

Die Sprache
der Dichter und Denker

Zu spät. Als ich die Treppe zur U-Bahn hinunter haste, spüre ich gerade noch den Luftzug der abfahrenden Bahn. Kein Problem, in etwa fünf Minuten kommt die nächste.

Für kurze Zeit bin ich der einzige Fahrgast auf dem Bahnsteig. Und zum ersten Mal wird mir der Sinn und Zweck der riesigen Plakate an den Wänden bewusst. Sie fordern meine Aufmerksamkeit und helfen, die Wartezeit zu verkürzen. Auf dem ersten Plakat lese ich:

> *Pink Floyd – Greatest hits*
> *World tour 2011 – The biggest tribute yet!*

Etwas irritiert, lese ich den Text noch einmal.

> *Pink Floyd – Greatest hits*
> *World tour 2011 – The biggest tribute yet!*

Dann wandert mein Blick zum nächsten Plakat.

> *An unique evening with BOB DYLAN & BAND*
> *featuring very special guest MARK KNOPFLER*

Habe ich etwas verpasst, ist Englisch jetzt EU-Einheitssprache? Meine Gedanken werden unterbrochen, als die Bahn einfährt. Ehe die Waggons die Plakate verdecken, erhaschen meine Augen noch eins.

Geile Story – Geile Musik – Geiles Ding
»Hinterm Horizont«

Es gibt sie also doch noch – unsere Sprache. Und bis auf einen Ausrutscher auf diesem Plakat, alles in Deutsch. Aber ist das wirklich unsere Sprache? Ist das unser Wortschatz?

Ich kenne das Bühnenstück nicht. Aber gibt es keine anderen Worte, um auf das Werk aufmerksam zu machen? Doch, mir fallen weitaus ansprechendere für das Wort »geil« ein. Großartig, klasse, stark, super, toll könnten doch auch für das Werk werben. Nachdenklich über den Umgang mit unserer Wortkultur, habe ich den Bahnhof erreicht, wo ich umsteigen muss. Auf dem Weg zur Straßenbahnhaltestelle ein großes Plakat mit der Aufschrift:

SCIENCE KIDS
Kinder entdecken Gesundheit

Na, wenigstens ein kleiner Hinweis auf das Anliegen dieses Posters in unserer Sprache. Aber ich werde das Gefühl nicht los, dass wir dabei sind, die deutsche Sprache abzuschaffen oder sie in einen undefinierbaren »Sprachtopf« zu werfen. Und dabei fühlen wir uns so cool.

Zu Hause. Während ich dabei bin meinen Mantel abzulegen, schalte ich das Radio ein. Die erste Information, die ich höre ...

»Shark weeks« im Sea Life Centre

... mit der eindringlichen Bitte des Moderators, diese »shark weeks« zu besuchen.

Eine Einladung zum Besuch von »Haifisch-Wochen« im Aquarium klingt doch auch nicht schlecht. Und weckt vielleicht noch mehr die Aufmerksamkeit bei den Hörern einiges über diese interessanten Tiere zu erfahren.

Beim Anschalten des Fernsehers ebenfalls Anglizismen überall. Eine Automarke macht uns klar, dass wir das Auto kaufen sollen, weil simply clever. Für den Tierschutz wirbt eine Spendenaktion mit: give me five. Sie wollen fünf Euro von uns. Dann sollten sie es doch sagen.

In der Fernsehzeitung, die aufgeschlagen auf dem Tisch liegt, kann ich lesen: On the road/Automagazin.

Draußen auf der Straße fährt ein Entsorgungsfahrzeug der BSR vorbei. »Abfall to go« steht mit riesigen Buchstaben an dem Fahrzeug.

Warum diese Spracheigentümlichkeiten? Ist es Bildungsdünkel, Prahlerei, Bequemlichkeit, Gedankenlosigkeit? Es ist sicher von allem etwas. Ist das deutsche Vokabular mit ca. 500.000 Wörtern nicht ausreichend für das, was wir uns mitteilen möchten? Selbst unser Grundwortschatz mit etwa 2.800 Wörtern sollte ausreichend sein. Es beschäftigt mich.

Weit komme ich mit meinen Überlegungen nicht, denn es klingelt. Mein Enkel steht vor der Tür. »Hi Oma. Alles easy?« Ich nicke.

Im Radio singt John Lennon den Song »imagine« – »Stell dir vor«.

Und ich stelle mir vor, wir würden Deutsch und Englisch und andere Sprachen sprechen, aber jede Sprache für sich. Das wär klug.

Aber vielleicht sollte ich »clever« sagen, damit ich verstanden werde.

Es ist aus, basta!

Es ist ein kühler und regnerischer Sommertag mittags gegen 13 Uhr. Unter den Fahrgästen, die an der Haltestelle »Hochschule für Technik und Wirtschaft« einsteigen – an dieser Haltestelle vermutet man in der Regel Fahrgäste mit einem überdurchschnittlichen oder wenigstens durchschnittlichen IQ – ist ein junges Pärchen in der endpubertären Phase, also Pickelgesichter. Sie etwa 1,60 m groß, schmal und blass. Das wellige Haar fällt strähnig auf ihre Schultern. Ihre Leggins umspielen ihre Beine. Das Kleid, welches sie darüber trägt, steht im krassen Widerspruch zur Passform der Leggins. Gedecktes Blümchenmuster, die Taille gibt ihm die Form eines Kleides im Prinzessstil. Er etwa 1,80 m groß; ein echter Fast-Food-Körper, trägt eine halblange karierte Hose und ein T-Shirt mit einem verwaschenen Schriftzug. Lesen kann man ihn nicht mehr. Sie setzen sich mir gegenüber, und ich werde Mithörer des folgenden Dialogs.

Stockend, aber mit kräftiger Stimme, beginnt er das Gespräch: »Du glaubst, wenn du nur Entschuldigung sagst, nehme ich das an. Du hast dich sieben Mal verleugnet.« Sie, erschrocken über das von ihm gewählte Thema, antwortet sehr leise, aber noch hörbar: »Ich weiß, aber was soll ich tun? Soll ich sieben Mal Entschuldigung sagen?« Er fällt ihr ins Wort. »Du hast dich sieben Mal verleugnet. Da ist Schluss bei mir. Entschuldigung reicht nicht.« Sie zieht ihre Schultern hoch und lässt sie kraftlos wieder fallen und flüstert noch leiser, aber noch von den anderen Fahrgästen zu verstehen: »Was soll ich tun? Ich weiß, das war nicht richtig.« Dann schweigt sie und sieht zum Boden. Die Situation ist ihr unangenehm. Ihr Blick bleibt auf den Boden gerichtet.

»Daran hättest du vorher denken müssen. Entschuldigung reicht nicht. Es ist aus!«, antwortet er so laut, dass auch die Fahrgäste im vorderen Teil des Wagens das Gespräch mithören können. Ihre Augen werden wässrig. Sie kann ihre Tränen kaum zurückhalten. Mit den Zähnen kaut sie auf ihrer Unterlippe. Das Rot in ihrem Gesicht steht im Kontrast zu den Pickeln. Man sieht, dass sie etwas sagen möchte. Und so kommt nach einigem Zögern der Satz: »Eh, meine Alte hat gestern deine Musik gehört, dabei versteht sie die gar nicht. Als ich ins Zimmer kam, hatte sie die Kopfhörer auf und ...«. Weiter kommt sie nicht, denn voller Entrüstung prustet er in einer Lautstärke, dass nun auch der letzte Fahrgast ihr Gespräch mithören muss. »Nee? Meine Musik? Das ist eine Frechheit. Ich habe sie mir runter geladen (erlaubt oder geklaut fällt mir ein) und die Alte hört sie einfach. Auch noch mit meinem Kopfhörer?« fragt er ungläubig seine Nochbegleiterin. Das Mädchen ist offensichtlich erleichtert, dass das Thema – sieben Mal verleugnet – vorerst vergessen ist. Sie beantwortet seine Frage nicht und kramt weiter im »Sündenregister« ihrer Mutter. »Ich habe sie öfter beobachtet, als sie Kopfhörer trug.« Nun weiß er endlich, was da heimlich hinter seinem Rücken getrieben wird. »Dann hat sie ja nicht nur einmal meine Musik gehört. Was denkt die sich überhaupt? Die versteht doch meine Musik überhaupt nicht.«

Ohne eine längere Pause, fast im gleichen Atemzug: »Du glaubst doch nicht etwa, dass ich dir verzeihe. Du hast dich sieben Mal verleugnet. Es ist aus, da brauchst du nicht rumheulen, basta.«

Die Straßenbahn ist an der Haltestelle angekommen, an der die beiden aussteigen müssen. Unsicher tänzelt sie vor ihm in Richtung Ausstieg. Er folgt dicht hinter ihr. An der Ampel, die Rot für Fußgänger anzeigt, bleiben beide stehen.

Und was sehe ich? Sie halten sich an den Händen. Sie schaut zu ihm hinauf und er streicht ihr mit seiner Hand über ihre Wange. Trotz siebenmaliger Verleugnung und Nichtanerkennung der Entschuldigung stehen sie Hand in Hand an der Ampel und warten auf Grün.

WIRD WIRKLICH GETAUSCHT?

Tauschen ist die älteste Form zu handeln. Als das Geld in Mode kam, tauschte man nicht mehr, man kaufte. In der Vergangenheit gab es immer mal wieder Zeiten, in denen Tauschgeschäfte eine wesentliche Rolle beim Erwerb von lebensnotwendigen Dingen spielten. Ich kann mich noch gut an die Zeit nach dem 2. Weltkrieg erinnern, als man Teppiche, Geschirr und alle die Dinge, die man nicht essen konnte, gegen etwas Essbares eintauschte. Wir Kinder übernahmen das Tauschen von den Erwachsenen und tauschten Glaskugeln gegen einen Apfel oder anderes Essbares.

Später tauschten wir Lackbilder gegen Lackbilder. Aus dem Tausch ums Überleben wurde ein Spiel. Das Tauschen kam aus der Mode. Es wurde nicht mehr getauscht, sondern nur noch gekauft oder wohlwollend verschenkt.

Seit einiger Zeit ist »Tauschen« wieder in Mode gekommen. Nur nennt man es jetzt »swap-Börse«. Die Tausch- oder »Swap«-Handlungen finden in Hotels, großen Hallen und im Internet statt.

Auch die Medien haben das Tauschen für ihre Programme entdeckt. Im Fernsehen tauscht man nicht mehr irgendeinen Gegenstand gegen einen anderen oder gegen Dienstleistungen; so wie Kleid gegen Pullover oder ähnlich. Heute tauscht man ganz andere Dinge. Da werden zum Beispiel Frauen getauscht. Zwei Familien tauschen ihre Frauen!? Das ist zwar kein Tausch für immer, aber wer weiß. Und bei diesem Tausch – oder ist es ein Austausch? – ist das Fernsehen dabei. Was wird da nun getauscht, die Haushaltshilfe, die Mutter, die Frau?

Es ist fast wie bei »big brother«, nur dass das Geschehen zwischen zwei Familien abläuft. Macht nichts, die Fernsehgemeinde ist dabei.

Was wird noch getauscht? Arbeitsplätze werden getauscht. Da arbeiten zum Beispiel ein Taxifahrer aus Berlin in Mumbai und sein Kollege aus Mumbai in Berlin. Voller Verwunderung stellt man fest, dass beide total unterschiedliche Arbeitsbedingungen vorfinden und große Schwierigkeiten haben damit zurechtzukommen.

Getauscht werden auch Kinder. Schwererziehbare Teenies werden in andere Länder zu anderen Eltern geschickt, einfach eingetauscht gegen ein paar freie Wochen für die nicht mit der Erziehung ihrer Kinder fertig werdenden Eltern.

Als Neuestes las ich, dass die Fans von Fußballclubs getauscht werden! Ich stellte mir vor, wie die erfolgsverwöhnten Fans vom FC Bayern mit den Fans des Tabellenletzten getauscht werden. Die einen wird es gefreut haben, aber die anderen?

Langsam begreife ich, dass das Tauschen eine völlig andere Funktion bekommen hat. Wir tauschen spektakulär. Die Medien machen uns zu Voyeuren und erlangen damit Aufmerksamkeit. Aufmerksamkeit um Quoten zu erheischen. Und um das zu erreichen, werden jegliche Tabus aufgegeben, und wir machen mit.

Da nun alles getauscht werden kann, nur spektakulär muss es sein, habe ich ein paar Vorschläge. Man könnte tauschen: Zum Beispiel Spanien gegen Deutschland. Wir – die Deutschen – in Spanien, die Spanier in Deutschland und »erobern« Mallorca.

Man könnte auch mal Regierungen tauschen. Interessant wäre bei diesem Tausch wer wie beim Fantausch den »Loser« bekommt.

Es gibt bestimmt noch viel mehr Möglichkeiten das Tauschen medial zu vermarkten, da bin ich mir sicher.

Aber zurück zum Frauentausch. Den kann ich mir noch immer nicht erklären. Bekommt der Mann beim Frauentausch auch eine neue Frau? Ich dachte bisher immer, wenn ein Mann seine Frau tauscht oder eine Frau ihren Mann, dann nennt man das zumindest im Anfangsstadium »fremdgehen« und stuft es als verwerflich ein!

Es hätten ein paar Zentimeter mehr sein können

Mit meinem Werden wurde gleich zu Beginn neben meinem Geschlecht unter anderem auch meine Körpergröße festgelegt. Im Großen und Ganzen kann ich mit mir, so wie ich geworden bin, zufrieden sein. Einzig die Körpergröße war und ist für mich ein Problem. Ich war nicht sehr groß ausgefallen, 158 cm. Aber bis ich dahin kam, entsprachen meine Maße nie dem Durchschnitt im unteren Toleranzbereich. Noch Kleinere mögen mich beneiden, ich hätte gern ein paar Zentimeter mehr gehabt.

In der Schule durfte ich vorn sitzen, nicht weil ich schlecht sah oder ein unaufmerksames Kind war, ich konnte hinter den anderen Mitschülern sitzend die Tafel nicht sehen. Im Schulsport, wenn wir zu Beginn des Unterrichtes uns in einer Reihe aufstellen mussten, war ich immer im hinteren Teil der Reihe zu finden, eigentlich am Ende. Wurden die Spieler für Mannschaftsspiele ausgewählt, blieb ich meist bis zum Schluss stehen. Nicht, dass ich unsportlich war. Ich war flink und im Austeilen und Einstecken körperlicher Attacken nicht zimperlich. Nein, man übersah mich. So verbrachte ich Kindheit und Schulzeit und näherte mich langsam dem Alter, in dem man sich für das andere Geschlecht zu interessieren beginnt. Meine Größe rückte wieder mehr in meinen Lebensmittelpunkt. Wachsen würde ich nicht mehr, das hatte ich nun schon begriffen. Meine erste große Liebe war deshalb ein Kerl wie ein Baum. Ich wollte meine fehlenden Zentimeter mit der Größe meines Partners ausgleichen. Es ging nicht gut. Ob es an der Größe lag? Ich weiß nicht, sicher gab es auch noch andere Missverständnisse in unserer Beziehung. Ich schrumpfte wieder auf mein Maß zurück.

Der Mann, den ich später heiratete, war kein Riese, so ungefähr 180 cm groß, aber immerhin ein akzeptabler Ausgleich zu meiner Größe. In den nächsten Jahren belastete mich meine etwas zu klein geratene Körpergröße nicht wirklich. Wir bekamen zwei Kinder, und damit war ich schließlich in den folgenden Jahren die Zweitgrößte in unserer Familie. Das ging so lange gut, bis ich feststellte, dass unsere Kinder mich kurz hintereinander an der Maßtabelle an der Tür zum Kinderzimmer überragten. Nun war ich wieder die Kleinste in unserer Familie. Und das blieb längere Zeit so. Denn als sich unsere Familie um Schwiegersöhne erweiterte, blieb ich der Murkel. Später kamen die Enkelkinder. Große Freude über das Fortbestehen unserer Familie. Bei mir Zusatzfreude, denn ich werde in den folgenden Jahren nicht mehr die Kleinste sein. Nach 15 Jahren, ich begann schon zu schrumpfen, hatte es auch der jüngste Enkel geschafft, mich, was die Länge anbelangt, zu überholen. Ich war nun bereits 70 Jahre alt und entschlossen, meine körperlichen Maße zu akzeptieren. Eigentlich ist es ja auch nicht wichtig, mit welcher Körpergröße man in dieser Welt steht. Viel wichtiger ist, wie man sich in diese Welt einfindet. Und da hatte ich in meinem bisherigen Leben großes Glück. Meine Körpergröße interessierte mich kaum noch.

Das galt bis zu dem Tag, als ich in der Drogerie eine 10er Packung Toilettenpapier in handelsüblicher Originalverpackung kaufte. Als ich mit meinem Einkauf den Laden verließ, hörte ich neben mir ein Geräusch, ein schleifendes. Es war die Verpackung des Toilettenpapier, die auf dem Straßenpflaster dieses Geräusch verursachte. Um die Packung geräuschlos nach Hause tragen zu können, musste ich den Arm anwinkeln.

Das Problem mit der Größe war wieder da. Aber ich kann und will mich damit nicht mehr belasten. Es steht fest, ich wachse nicht mehr. Schuhe mit hohen Absätzen, die ich früher getragen habe, um ins Größendurchschnittsmittel zu gelangen, fallen weg. Hohe Absätze werden meinen natürlichen Schrumpfprozess nicht aufhalten und sind eher für mögliche Fußprobleme verantwortlich.

Es gibt nur noch eine Lösung: Ich kaufe ab jetzt nur noch sechs Rollen im Paket.

»Pas und Stepp«

Paul, wir sind jetzt knapp über 70 und das einzige, was an Freizeitbeschäftigung uns ›Alten‹ angeboten wird, sind in der Regel musische Erlebnisse, Aquagymnastik für Senioren oder wir nehmen am allgemeinen ›Anbieterwechsel-Sport‹ der unterschiedlichsten Versorger teil. Wenn wir dann mal im Seniorenheim sind, kommt vielleicht noch Kegeln mit Wii dazu«, waren meine ersten Worte am Frühstückstisch. Ich hatte es satt, walkend allein stundenlang durch den Wald zu ziehen oder mit anderen Senioren dem Zwitschern der Vögel im Wald zu lauschen. Ich wollte richtig Spaß haben; Spaß gemeinsam mit Paul.

In unserer Tageszeitung hatte ich eine Anzeige für einen Tanzkurs entdeckt, ohne Altersbeschränkung einzig mit dem Vermerk »Wer hat Lust und Spaß am Tanzen?«

Das war der Grund für meinen »Angriff« auf Paul beim Frühstück. Ich wusste, dass Paul früher ein guter Tänzer war. Später hatte er zu meinem Leidwesen das Tanzen ganz aus seinem Bewegungsrepertoire gestrichen. Warum? Dazu gab es nie eine Erklärung. Es hat sich so in sein Leben eingeschlichen. Nun packte ich die Gelegenheit am Schopf und vollendete mein begonnenes Gespräch mit dem Satz: »In der Zeitung wird ein Tanzkurs ohne Altersgrenze angeboten. Lass uns daran teilnehmen, bitte.«

Paul sah mich an, als hätte ich ihm in meinem Alter eine ungewollte Schwangerschaft gebeichtet. Sein Schweigen überbrückte ich damit, dass ich versuchte ihm den Tanzkurs schmackhaft zu machen. Ich erinnerte ihn, wie wir früher über das Tanzparkett schwebten und besonders beim Walzer immer ein tolles Paar abgaben. Selbst die Rumba beherrschten wir mit den erforderlichen Hüftbewegungen perfekt. So wie ich ihm meine Erinnerungen an unsere Tanzleidenschaft schilderte, hätten wir uns in der Oberliga der Tänzer bewegen müssen.

Es half. Paul hatte seine Erinnerungen an diese Zeit wieder gefunden.

Ohne größere Überredungskünste hatte ich ihn so weit, dass wir uns bei dem Tanzkurs anmeldeten.

Der erste Abend in der Tanzschule.

Paul in den seine Körperformen betonenden Jeans, schwarzer Rolli und Sakko. Mein Outfit das »Kleine Schwarze« in blau und Absatzschuhe. Letztere mussten schon wegen meiner Körpergröße sein, aber sie verleihen mir auch einen etwas grazileren Gang.

Wir waren eines der ersten Paare. Alle, die schon da waren, und auch die, die nach uns kamen, waren der Generation unserer Kinder zuzuordnen. Einige nahmen an, wir seien die Tanzlehrer.

Dann ging es endlich los. Der erste Tanz, es war ein Walzer, verzauberte uns sofort. Während die jüngeren Kursteilnehmer noch damit beschäftigt waren, ihre Beine zu sortieren und die Tanzfläche zwischen sich und ihrem Tanzpartner aufzuteilen, schwebten wir über das Parkett, Zeit und Alter vergessend.

Bis zur Pause nur Walzer und langsamer Walzer. Wir hatten einen nicht unerheblichen Vorteil gegenüber den jüngeren Kursteilnehmern. In der Pause saßen Paul und ich am Tresen und tranken ein Glas Rotwein. Unsere Mittänzer erfrischten sich mit Mineralwasser. Ihnen war deutlich anzusehen, dass sie Walzer und langsamer Walzer ganz schön außer Atem gebracht hatten. 1:0 für uns. Wir spürten außer Zufriedenheit nichts, was unser Wohlbefinden beeinträchtigte.

Der zweite Teil der Tanzstunde war den rhythmischen Tänzen gewidmet. Bei der Rumba konnten wir noch gut mithalten, die beherrschten wir noch perfekt. Beim Salsa hatten wir Lernbedarf. Aber es machte uns Spaß. Und Spaß wollten wir ja haben.

Auf dem Nachhauseweg spürte ich schon etwas Müdigkeit. Meine hochhackigen Schuhe trug ich in der Tasche, an meinen Füßen die bequemen. Auch Paul sah nicht mehr ganz fit aus. Aber in unserem Innersten spürten wir eine Zufriedenheit, eine Leichtigkeit. Die »Glücks- und Zufriedenheitshormone« wirkten. Ich tänzelte neben Paul und hatte meine Hand in seine geschoben. Auch Pauls Schritte waren irgendwie bei den Schrittfolgen der vergangenen zwei Stunden hängen geblieben. Es war die Zustimmung für die Fortsetzung des Kurses nächste Woche, ohne ein Wort zu sagen.

P-ÄPFEL

Der Korb mit den Äpfeln in der Vorratskammer ist leer. Den letzten Apfel habe ich heute Morgen mit Möhren zu einem leckeren Salat verarbeitet. Will ich auf dem Pfad einer gesunden Ernährung weiter wandern, muss ich meine Obstvorräte auffüllen. Natürlich Bio-Früchte, das muss sein und liegt voll im Trend. Der morgendliche Spaziergang heute nicht in die Natur, sondern zum Supermarkt.

Das Apfelangebot ist überwältigend. Die wahrscheinlich am weitesten gereisten Äpfel – Granny Smith – kommen vom anderen Ende der Welt. Andere kommen vom europäischen Kontinent oder von den einheimischen Obstplantagen, ganz in der Nähe. Gemeinsam haben alle mit Gleichmäßigkeit in Farbe, Form und Größe die »Einreiseberechtigung« in die EU erhalten, und damit können sie in den Geschäften zum Kauf angeboten werden. Ihr Äußeres lässt keinen Makel erkennen. Selbst die einheimischen Sorten haben sich ihr Aussehen erhalten. Nirgendwo sind Falten oder Fältchen an ihren Schalen zu erkennen. Auch die Kohäsion ihrer kleinsten Teilchen verleiht ihrem Fruchtfleisch Festigkeit, zumeist hart und somit nicht unbedingt den Bedürfnissen der älteren Bevölkerung entsprechend. Wie ist das eigentlich möglich? Die Äpfel, die wir früher im Keller einlager-

ten, waren im Frühjahr ganz schön schrumpelig. Dafür aber reinste Bio-Früchte.

Die Auswahl aus dem umfangreichen Angebot fällt mir schwer. Ich entscheide mich für verschiedene Sorten. Mit einer großen Tüte Äpfel bester Qualität mache ich mich auf den Heimweg.

Nach nur wenigen Metern werde ich von einem Pferdefuhrwerk überholt werde. Ungewöhnlich in unserer Zeit, solch einem Gefährt mitten in der Stadt zu begegnen. Das Getrappel der Pferde, das Aufschlagen der Hufe auf den Asphalt wecken Erinnerungen. Erinnerungen an eine Zeit, als Gespanne noch zum Stadtbild gehörten. Als Autos sich dem Tempo dieser Fuhrwerke unterordnen mussten, und wir uns nicht zu fürchten brauchten, an einer Ampel beim Überqueren der Straße – selbst in der Fußgänger-Grünphase – von einem Auto erwischt zu werden. Als alles noch etwas gemächlicher vonstattenging.

Ich bin ganz in Gedanken versunken und bemerke erst jetzt, dass die Pferde vor eine weiße Hochzeitskutsche gespannt sind. So lange ich die Kutsche sehen kann, begleiten meine Augen ihren Weg. Aber nicht die Hochzeitskutsche zieht mich in ihren Bann, es sind die gelblich-grünlich glänzenden Kugeln, Pferdeäpfel. Sie leuchten auf dem dunklen Asphalt. Kaum werden sie wahrgenommen und wenn doch, dann höchstens als Straßenverschmutzung registriert. Doch ich sehe auch einige Passanten, die diese Angelegenheit mit Schmunzeln betrachten, vielleicht in Erinnerung, dass dieses Naturprodukt früher bei Kleingärtnern gefragt war. Wer es zwischen die Erdbeerpflanzen streute, konnte auf eine gute Ernte hoffen. Aber vielleicht auch deshalb, weil eine Schar von Spatzen voller Begierde über die Pferdeäpfel herfällt. Ein kleiner Spatz hat meine Aufmerksamkeit. Aus sicherer Entfernung schaut er nach den »Äpfeln«. In seinem Leben als Stadtspatz wird er derartiges Futter noch nie vor seinem Schnabel gehabt haben. Das »Tschilp Tschilp« der älteren Spatzengeneration lässt ihn seine Vorsicht vergessen und dann fliegt auch er zu der schmackhaften unverhofften Mahlzeit. Die älteren Spatzen scheinen ihm piepsend zu erklären, dass in diesen runden Dingern eine Menge leckerer Hafer versteckt sein könnte. Ich habe da meine Bedenken, dass die Pferde noch nach althergebrachter Weise gefüttert werden. Bestimmt sind sie schon auf Pellets umgestellt?

Der Autoverkehr hat zugenommen, und immer wieder werden die Spatzen gestört. Jedes Mal, wenn sie zu den Pferdeäpfeln zurückkehren, ist der Haufen kleiner geworden. Die vorbeirollenden Autos pressen diese Köstlichkeit in das Profil ihrer Reifen und nehmen sie mit. Der am Ort verbleibende Rest wird zu einem breiten Teppich ausgewalzt. Sie müssen sich beeilen, noch etwas von dieser unvorhergesehenen Leckerei zu ergattern.

Ich bin wieder zu Hause. In Gedanken verlasse ich die Assoziation meiner so wohl geformten und sortierten Äpfel mit den Pferdeäpfeln. Ich bin mit meinen Gedanken wieder beim Apfel-Möhrensalat für morgen angekommen.

Der Schlossherr

Den Eingang zu unserem Grundstück ziert ein großes Stahltor mit einer eingelassenen kleinen Pforte. Beide, das große Tor und die kleine Pforte, sind in die Jahre gekommen. Sie haben ihren Glanz und auch teilweise ihre Funktionsfähigkeit verloren. Noch erfüllen sie ihren Zweck, jedoch sind Gebrauchsspuren deutlich sichtbar und beim Öffnen auch spürbar. Vor allem das Schloss in der Pforte muss dringend repariert oder erneuert werden. Immer, wenn wir das Tor passieren, rührt sein Zustand an unserem ästhetischen Empfinden.

Längst haben wir uns über eine Erneuerung oder Reparatur Gedanken gemacht, mit dem Resultat, ein neues Tor steht nicht zur Debatte. Was nun fehlt, sind die Taten.

Heute, es ist Samstag, will sich Paul der Herausforderung stellen und das Schloss reparieren. Ich finde sein Vorhaben lobenswert, ahne aber, dass ich mit seinen ständigen »bitte halte mal ...« oder »bitte hole mal ...« in die Reparaturarbeiten einbezogen werde. Damit es nicht dazu kommt, entscheide ich mich für einen längst fälligen Besuch bei unserer Nachbarin. Ehe Paul ein »Veto« einlegen kann, bin ich aus dem Haus.

Es ist wunderbares Sommerwetter und vom Balkon unserer Nachbarin, kann man Pauls handwerkliche Bemühungen an der Pforte gut verfolgen. Gedanken, wie Paul ohne meine zwei ihm fehlenden Hände für Handreichungen die Reparatur erfolgreich meistert, verdränge ich.

Aus seinen geschäftigen Bewegungen schließe ich, dass er das Vorhaben mit entsprechendem Schwung in Angriff nimmt. Mehrere Male verschwindet er im Schuppen und kehrt mit einem umfangreichen Werkzeugsortiment und anderen Gerätschaften zurück. Von weitem betrachtet, entwickelt sich der Platz um das Tor zum »Tatort Pforte«. Ich bin überzeugt, dass er mehrere Male mit vielen »bitte« nach meinen hilfreichen Händen gerufen hat, die nun aber an der Kaffeetafel der Nachbarin den Kuchenteller und die Kuchengabel festhalten.

Es ist zu sehen, dass erhebliche Kraftauf-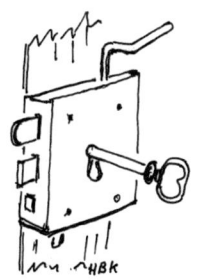wendungen notwendig sind, das Schloss der Pforte abzuschrauben. Wir sehen ihn mit der Bohrmaschine hantieren, hören aber keine Bohrgeräusche. Wie wird es weitergehen? Das ist die Frage, die uns beschäftigt, und damit hat Paul all unsere Aufmerksamkeit. Nach einem weiteren Gang in den Schuppen erscheint er mit einer Verlängerungsschnur am »Tatort Pforte«. Es bleibt auch weiterhin still, keine Bohrgeräusche.

Paul eilt erneut in den Schuppen, und endlich ist das Surren der Bohrmaschine zu hören. Ein Klang, der uns hoffen lässt, dass wir bald wieder durch eine einwandfrei funktionierende und ansehnliche Pforte schreiten können. Aber dann, ein schriller Ton, und Pauls Fluchen ist bis auf den Balkon zu hören. Was passiert ist, können wir nicht sehen. Nach einer längeren Pause und dem erneuten Einsatz der Bohrmaschine fällt etwas Kastenförmiges mit einem »klirr«

auf die Gehwegplatten. »Das muss das Schloss sein«, orakeln wir. »Es ist geschafft«, sage ich zu unserer Nachbarin. Wir lächeln uns vielsagend zu und heben die Kaffeetassen. Einige Zeit werkelt Paul noch an der Pforte. Unser Interesse an seinem Tun ist nun erloschen. Wir plaudern über uns Frauen wichtig erscheinende Dinge, ohne ihn weiter zu beobachten.

Wieviel Zeit vergangen ist, wir haben nicht auf die Uhr geschaut. Pauls »Hallo« ist Anlass, uns wieder seinem Tun zuzuwenden. Mit Schwung, und man kann die Freude in seinem Gesicht erkennen, führt er uns die nun wieder funktionsfähige Pforte im Tor vor; mehrere Male.

Ich verabschiede mich von der Nachbarin, bedanke mich für den netten Nachmittag, denn nun kann ich wieder nach Hause zurück kehren, ohne dass Paul mich mit seinem charmanten »bitte« an seinem Handwerkereinsatz teilhaben lässt.

Als ich die Pforte öffne, strahlt mich ein fast neu aussehendes Schloss an. Auch die Klinke hängt nicht mehr traurig nach unten. Eine gelungene Reparatur stelle ich fest. »Klack« macht es, als die Pforte ins Schloss fällt. Ein gutes Geräusch.

In der Wohnung suche ich Paul vergeblich. Ist er noch mit Aufräumungsarbeiten beschäftigt? Ein Blick aus dem Fenster, die Tür zum Schuppen ist verschlossen. »Paul«, rufe ich. Aus dem Wohnzimmer die gewohnte Antwort: »Hier bin ich.«

Ich nehme mir vor, ihn zuerst für seine Arbeit zu loben und dann mich zu erkundigen, wie die Reparaturarbeiten gelaufen sind.

Paul liegt im Wohnzimmer auf der Couch, ausgestreckt auf seine 187 cm, die Arme hinter dem Kopf verschränkt.

»Möchtest du einen Kaffee?«, frage ich, wissend, dass ein »Ja« folgt. Als ich ihm das belebende Getränk serviere, würdige ich ausgiebig seine gelungene Arbeit. Die Frage: »Alles gut geklappt?«, schiebe ich hinterher. Vielleicht hätte ich mir diese Frage verkneifen sollen, denn sie ist der Auslöser dafür, dass Paul mir ausführlich über seine handwerklichen Erfolge berichtet.

»Ich hätte deine Hilfe brauchen können«, ist sein erster Satz. Ohne auf eine Reaktion von mir zu warten, beginnt er seinen Nachmittag mit der Pforte zu schildern. »Das vom Rost verzierte Kastenschloss und die nach unten hängende Klinke waren schon ein trauriger Anblick. Sie war völlig aus der Führung im Schlosskasten. Wie das überhaupt noch funktionieren konnte«, beginnt er seinen Fachvortrag. »Als erstes musste das Schloss aus dem Schlosskasten. Glaube mir, einfach war das nicht. Die Jahrzehnte haben die Befestigungsschrauben gemeinsam mit dem Gewinde rosten lassen. Der normale Schraubendreher war nicht das geeignete Werkzeug, diese Verbindung zu lösen. Weißt du, wie ich deine Hilfe benötigt hätte?«, folgt als vorwurfsvoller Zwischensatz. »Ich also rein und die Bohrmaschine geholt, den Ansatz für den Bohrer angekörnt und dann streikte die Akkubohrmaschine. Wir müssten uns einen Akkubohrer mit einem Li-Ionen-Akku kaufen.« An dieser Stelle unterbreche ich Paul. »Paul, was meinst du, wie oft du noch das Kastenschloss an der Pforte reparieren musst?« Paul ignoriert meinen Einwand und fährt fort, dass die Verlängerungsschnur zu kurz war. Ich verzichte auf eine Frage dazu, hoffend, dass er den

Kauf einer Kabelrolle nicht in Erwägung zieht. »Das Material für die Bohrer ist auch nicht mehr sehr strapazierfähig. Im Nu war der Bohrer blau angelaufen und damit nicht mehr zu gebrauchen. Ich weiß nicht, die müssen früher Panzerstahl für solche Schlösser verwendet haben.« Ich höre zu oder tue so und schweige. »Aber ich habe den Bohrer, den für den besonders harten Stahl doch noch gefunden und dann war das Schloss im Nu ausgebaut. Du glaubst gar nicht, was für eine schmierige Angelegenheit die Säuberung des Schlosses war. Das Zusammenbauen war gemessen am Ausbau ein Kinderspiel. Hast du gesehen, wie es jetzt glänzt? Es sieht fast wie neu aus und es schließt auch wieder erstklassig. Komm, schau dir das mal an.« Am Ende dieses Satzes springt Paul von der Couch auf, fasst mich am Arm und will mich nach draußen ziehen. »Paul, ich komme von draußen und konnte die Funktionstüchtigkeit des Schlosses bereits erproben.« Paul schaut mich ungläubig an und lässt sich auf die Couch fallen. Mit einer Geste deutet er mir an, mich neben ihn zu setzen. Nun ist es an der Zeit schleunigst ein neues Thema für unsere Unterhaltung finden. »Paul, der Rasen will in diesem Jahr nicht richtig wachsen. Ich glaube der müsste gedüngt werden.« Es ist mein Versuch, unserem Gespräch einen anderen Inhalt zu geben. Paul reagiert nicht. Lächelnd, in sich gekehrt, sagt er: »Es ist toll geworden, fast wie neu.« Dann trinkt er genüsslich seinen inzwischen kalt gewordenen Kaffee. Das Thema Reparatur der Pforte ist noch lange nicht abgeschlossen.

EIN IRRER DUFT VOM ...

Paul steckte seinen Kopf durch das offene Küchenfenster und nuschelte: »Ich muss mal schnell zum Baumarkt, die Harke hat soeben ihre Arbeitswilligkeit aufgegeben.« Noch ehe ich ihm antworten konnte, war er verschwunden. Meine Antwort, »Ich komme mit«, hatte er gar nicht erst abgewartet. Und das hat seinen Grund. Weiß er doch, wie faszinierend ich Baumärkte finde und mit welcher Ausdauer ich darin viel Zeit verbringen kann. Im schlimmsten Fall folgen nach einem Baumarktbesuch umfangreiche Veränderungen in unserem Badezimmer, im günstigsten Fall erweitert sich das Sortiment an Weihnachtskugeln oder anderen Dekorationen. Über die Zweckmäßigkeit solcher Dinge denke ich dann oft nicht ernsthaft nach.

Er war schon auf dem Weg zum Gartentor, als er: »Ach, lass mal, ich bin gleich wieder da«, in Richtung Küchenfenster sprach.

Der Versuch, alleine zum Baumarkt zu fahren, mich »zu Hause am Herd« zu lassen, sollte ihm gründlich misslingen. Ich hatte den festen Willen, ihn zu begleiten und hatte gleich, nachdem er mir seinen Baumarktbesuch offerierte, alle Hausarbeiten eingestellt. Noch bevor er das Gartentor erreicht hatte, stand ich neben ihm. Paul wusste, was das bedeutet. Er fügte sich meinem Wunsch und aus der Notwendigkeit, eine kaputte Harke zu ersetzen, wurde ein gemeinsamer Besuch im Heimwerkerparadies.

Der Parkplatz am Baumarkt war gut belegt. Man konnte vermuten, dass eine nicht unerhebliche Anzahl von Menschen irgendwelche Mängel in ihren Wohnungen, Gärten oder sonst wo zu beheben hatten. Also rein in den Verkaufstempel.

Ich liebe Baumärkte mit ihrem schier unerschöpflichen Angeboten von all den Dingen, mit denen man sein Zuhause vervollständigen, verbessern oder erweitern kann. Die Fülle der angebotenen Ersatzteile, Baustoffe und anderer Dinge, die Begehrlichkeiten wecken, überraschen mich immer wieder aufs Neue. Von der kleinsten Schraube bis zum Superswimmingpool ist alles zu haben.

Paul steuerte sofort in Richtung Gartenbedarf. »Paul, bitte nur ein kleiner Rundgang«, bettelte ich. Mit »Ein anderes Mal«, versuchte er mich zu überreden, den kürzesten Weg ins Gartenparadies zu nehmen. Ich bettelte weiter und konnte erreichen, dass wir uns über den Sanitärbereich, Holzzuschnitt und Heimtextilien dem Gartencenter näherten. Paul war stets ein paar Schritte voraus. Er wollte den kleinen Umweg schnell hinter sich bringen und möglichst auch noch ohne irgendwelche Vorschläge für Veränderungen zu Hause.

Ich konnte mich kaum sattsehen, was alles so in den überdimensionalen Regalreihen lagerte. In dem Regal mit den Heimtextilien hatte ich die passenden Sofakissen für unsere neue Couch entdeckt. »Paul«, und indem ich ihn an seinem Ärmel zupfte, versuchte ich, seine Aufmerksamkeit zu erreichen, »sieh mal, diese Farbe der Kissen passt perfekt zur neuen Couch.« Noch ehe ich den Satz beendet hatte, murmelte Paul vor sich hin, aber für mich noch hörbar: »Genauso habe ich mir das vorgestellt.« Etwas lauter und nun für mich bestimmt, folgte die Aufforderung: »Bitte, wenn du dich hier umsehen möchtest, tue es. Ich gehe schon mal zu den Gartengeräten.« Und ohne auf eine Antwort von mir zu warten, ging er zielstrebig in Richtung Gartengeräte. »Ich hole dich hier wieder ab«, rief er mir noch zu, ehe er in der Menge der anderen Baumarktbesucher verschwand.

Nun hatte ich Zeit und konnte den Besuch nach meinen Wünschen gestalten; alles ansehen und Ideen für Veränderungen für zu Hause mitnehmen.

Ich weiß nicht, warum mein Interesse für die Kissen so plötzlich erloschen war. Auf einmal hatte ich den Wunsch, Paul zu folgen. Eine innere Stimme sagte mir, dass er meine Hilfe beim Kauf der Harke benötigt.

Einfach war es nicht, Paul in der Besuchermenge ausfindig zu machen. Unmittelbar am Eingang zum Gartenparadies war eine überdimensionale Pyramide aus dunkelgrünen Kartons in der Größe L aufgebaut, umringt von einer riesigen Menschentraube.

Was ist da los? Ich konnte mir den Menschenauflauf vor diesem Kartonhügel nicht erklären. Inmitten dieser Menschenmenge hatte ich auch bald Paul erspäht. Er war also nicht auf kürzestem Weg zu seiner künftigen Harke gegangen.

Es dauerte eine Weile, bis er mit einem dieser dunkelgrünen Kartons aus der Menschentraube genau vor mir auftauchte. Mich zu treffen, schien ihn nicht zu irritieren. »Schau mal, das ist ein Riesenangebot für Rasendünger. Brauchen wir?!« Dieses »Brauchen wir?!« sagte er halb fragend, aber sich gleichzeitig die Antwort gebend: »Ja, brauchen wir!« Der Kauf der Harke war zweitrangig geworden, er war in Vergessenheit geraten.

Gemeinsam versuchten wir den Text zu entschlüsseln, der mit winzigen Buchstaben auf den Karton gedruckt war. Unter Zuhilfenahme unserer Lesebrillen lasen wir, dass der Inhalt ein wahres Wundermittel für den Rasen sei. Er sei eine gesunde Ernährung für alle Graspflanzen, wurde der Inhalt gelobt. »Aha, ein ›Energy Drink‹ für unsere Wiese«, schlussfolgerte ich. Wenn wir dieses Wundermittel auf unseren Rasen streuen, dann werden wir alsbald einen kräftigen und üppigen und dazu noch grünen Rasen haben, versprach der Text weiter. Es folgte eine unendliche Aufzählung aller enthaltenen Aufbaustoffe für das Gras, alles in ausgewogener Zusammensetzung mit Gramm und Milligramm belegt. Einzig der Begriff »alsbald« war nicht näher beschrieben.

Paul hielt die Packung vor meine Augen und nickte mit dem Kopf, was so viel bedeutete, wir kaufen einen Karton. Ich dachte an unseren Rasen zu Hause und war von Pauls »Brauchen wir?!« überzeugt.

Wir verließen den Baumarkt, Paul ohne Harke und ich ohne Ideen für Umgestaltungen zu Hause, dafür mit einer dunkelgrünen Schachtel Rasendoping.

Zu Hause erinnerte sich Paul an den Wetterbericht vom Morgen. In den frühen Abendstunden war mit Niederschlägen zu rechnen. Und Niederschläge sind ideal, den Dünger gleichmäßig ins Erdreich zu schwemmen. So stand es jedenfalls auf dem dunkelgrünen Karton.

Während ich in der Küche das Geschirr von Mittagessen in den Geschirrspüler stapelte, war Paul damit beschäftigt, das Granulat auf unseren Rasen zu streuen. Ein aufkommender leichter Wind ließ ihn ab und zu in einer Staubwolke verschwinden. Das Wundermittel gleichmäßig auf der Grünfläche zu verteilen, wurde durch den Wind erheblich erschwert, aber Paul schaffte es. Sichtbar überzog eine gleichmäßige graue Schicht das Gras. Nach einer reichlichen Stunde war unser Rasen gedopt.

Es war ein wunderbarer Frühsommertag. Die Sonne schien und verwöhnte uns mit einer wohligen Wärme. Von den angesagten Niederschlägen war noch nichts zu spüren. Der leichte Wind war wohltuend in der Hitze dieses Tages. Unsere Nachbarn hatten sich schon zur Mittagsruhe auf ihrer Terrasse niedergelassen. Wir würden in Kürze Gleiches tun. Und ich freute mich auf einen geruhsamen Frühnachmittag.

Paul war noch mit dem Wegräumen der leeren dunkelgrünen Schachtel beschäftigt. Doch was geschah da plötzlich? Ich sah, wie unsere Nachbarn eilig, fast hektisch ihre Terrasse verließen. Die Sitzkissen unter die Arme geklemmt, sah es eher nach einer Flucht aus. Ist der Regen schon vorfristig gekommen? Während ich mich noch über ihr Verhalten wunderte und nach Gründen für ihren hastigen Aufbruch suchte, kroch ein merkwürdiger Geruch in meine Nase. Ihn zu bestimmen oder zuzuordnen, war nicht möglich.

Nach kurzer Zeit hatte er sich zu einem abstoßenden üblen Gestank entwickelt. Es lag etwas von Stallgeruch und Kuhdung in der Luft. Es war ein widerwärtiger, intensiv stechender Geruch. Als möglicher Übeltäter fiel mir der über alle Maßen gepriesene Rasendünger ein. Nur er konnte die Ursache für die Flucht unserer Nachbarn von der Terrasse sein. »Wir hätten sie warnen sollen«, schoss es mir durch den Kopf. Aber unter den vielen wichtigen und unwichtigen Informationen, die uns das Angebot schmackhaft machen sollten, stand kein einziges Wort von einer möglichen Geruchsbelästigung.

Paul konnte ich nicht fragen. Er war im Schuppen hinter dem Haus mit der Einlagerung des restlichen Rasendüngers beschäftigt. Wahrscheinlich hatte ihn der Duft noch nicht erreicht. Möglicherweise hatte er sich aber an diesen Gestank gewöhnt, denn schließlich hatte er mehr als eine Stunde in der Staubwolke dieses Wundermittels verbracht.

Als er dann endlich im Haus erschien, dirigierte ich ihn sofort und sehr bestimmt ins Bad. »Warum?«, war das einzige Wort, was er herausbrachte. »Das Rasendoping stinkt gewaltig«, versuchte ich ihn aufzuklären. Er sah mich fragend an und schien mich nicht zu verstehen. Hatte der unangenehme Geruch seine Geruchsnerven desorientiert?

»Bitte duschen«, bat, nein, ich befahl es ihm.

Eine Komplettreinigung lag bei dem eigenartigen Aroma, welches sicher auch schon Pauls Bekleidung und Körper mit einem entsprechenden Duft versehen hatte, näher als nur duschen.

Paul hat eine Meise

Es ist die Zeit nach dem Mittagessen, die man in unserem Alter gern für ein Mittagsschläfchen nutzt. Paul liegt auf dem Sofa, und ich erledige in dieser Zeit notwendige Näharbeiten. Heute ist es das Anbringen loser Henkel an Geschirrtücher. Ich mache so etwas noch. Diese Ruhe stört plötzlich ein Geräusch. Etwas flattert durch unser Wohnzimmer. Eine Fledermaus ist mein erster Gedanke. Einen Besuch dieser Spezies hatten wir schon, aber es war zu einer anderen Tageszeit. Wer oder was könnte sich in unsere Wohnung verirrt haben? Während ich dabei bin, das Rätsel zu lösen, sehe ich auf Pauls Stirn eine kleine Kohlmeise sitzen. Es muss der Vogel sein, der uns schon seit Tagen auf Schritt und Tritt begleitet. Paul ist unterdessen auch von den Trippelschritten auf seiner Stirn wach geworden. Langsam dreht er seinen Kopf zur Seite, sieht mich an und fragt: »Was ist das?« Ohne mir etwas dabei zu denken, antworte ich: »Du hast eine Meise.« Und gebe ihm gleichzeitig zu verstehen, sich nicht zu hastig zu bewegen, um den kleinen Vogel nicht zu erschrecken. Der lässt sich jedoch durch Pauls Bewegungen nicht stören und ist emsig dabei, Pauls vom Schlaf verwuschelten Haare zu ordnen. Ab und zu hebt er sein Köpfchen. Aufmerksam beobachten seine kleinen schwarzen Augen, was um ihn herum passiert. Vorsichtig zu sein,

ist ihm von Natur aus gegeben, aber Angst scheint er nicht zu haben. Er reagiert weder auf unsere Unterhaltung noch auf unsere Bewegungen. Es muss die Meise sein, die bei ihrem ersten Ausflug aus dem Nest Kontakt zu uns aufgenommen hat. Da bin ich mir jetzt sicher. Gemeinsam mit den anderen Vögeln und Nestlingen hat sie unseren Futterplatz vor dem Küchenfenster angenommen. Ja, wir legen auch im Sommer einige Leckerbissen auf Fensterbrett. Und wenn Paul morgens das »Vogelfrühstück« serviert, ist sie eine von den ersten, die uns »Guten Morgen« sagt. Während die anderen Vögel einen gebührenden Abstand zu uns halten, scheint sie alle Furcht zu vergessen. Schon nach wenigen Tagen genügte der Futterplatz vor dem Fenster nicht mehr. Sie begann unsere Wohnung zu inspizieren, hoffend, irgendwo einen leckeren Krümel zu finden. Wird es ihr in der Wohnung zu langweilig, huscht sie aus dem Fenster hinaus in den Garten und gesellt sich zu ihren Artgenossen. So geht das nun schon einige Zeit. Kaum ist das Küchenfenster offen, erkundet sie unsere Wohnung. Unterdessen kennt sie sich nicht nur in der Küche aus, auch der Flur und das Wohnzimmer sind ihr nicht mehr fremd. Der Schuhschrank im Flur, der Fernsehapparat im Wohnzimmer und alles Mobiliar und Geräte, die eine Durchschnittsküche so zu bieten hat, sind für sie nichts Fremdes mehr. Nur das Schlafzimmer kennt sie noch nicht. Das wollen Paul und ich für uns alleine, da sind wir kompromisslos.

Paul wird der Vogel auf dem Kopf allmählich lästig. Er möchte seine Mittagsruhe beenden. Nur mit einer energischen Handbewegung lässt sich das Tier von seinem Haarschopf vertreiben. Geschickt fliegt es durch die offenen Türen vom Wohnzimmer über den Flur in die Küche, um dann draußen im Garten zu verschwinden. Der Vogel scheint sich in unserer Wohnung gut auszukennen. Wir sind von der Zutraulichkeit des kleinen Vogels beeindruckt. Woher weiß er, dass ihm bei uns nichts passiert? Wir werden uns nicht in die Verhaltensforschung von Vögeln vertiefen. Wir nehmen es einfach als einen lieben Gruß der Fauna in unserem Garten an.

Den Nachmittag verbringt Paul im Garten. Die Hecke muss geschnitten werden. Das Geräusch der Heckenschere stört den kleinen Vogel nicht. Er hat es sich auf Pauls Schuh bequem gemacht und beginnt, in aller Ruhe den Schnürsenkel zu bearbeiten. »Pass auf, Paul«, rufe ich Paul zu, denn ich möchte nicht, dass dem Vogel etwas passiert. Paul hat ihn auch schon bemerkt und sein Kommentar dazu: »Ich habe wirklich eine Meise.« Ich kann ihm da nicht widersprechen, denn es stimmt im wahrsten Sinn des Wortes.

Es tut Not

Als ich heute Morgen Paul beim Rasieren beobachtete, waren einige etwas stärker gepolsterte Stellen an seinem Körper nicht zu übersehen. Aber auch mein Körper konnte meinem eigenen kritischen Blick in den Spiegel nicht standhalten. Um die Feststellung – es tut Not – kam ich nicht umhin. Und das hieß: es tut Not, sich mehr zu bewegen. Und: es tut Not, weniger zu essen.

Also was sollten wir tun? Bis auf die Festtage, an denen wir manchmal beim Essen etwas über die Stränge schlagen, ernähren wir uns gesund und ausgewogen. Mehr Bewegung? Auch da tun wir einiges. Ich beschloss, Paul und ich, wir sollten über das Thema – es tut Not – reden.

Wie immer, wenn es etwas Ernsthaftes zu besprechen gibt, geschieht das am Frühstückstisch. Es gibt keinen günstigeren Zeitpunkt. Also eine gute Gelegenheit, die kleinen aufdringlichen Fettpölsterchen ins Gespräch zu bringen. Ich war fest entschlossen, sie, die Fettpölsterchen, zum Frühstücksthema zu machen.

Ich saß schon am Tisch und wartete auf Paul. Sonst ist es meist umgekehrt. »Wo er nur wieder bleibt?«, brummelte ich vor mich hin. Ich wollte das Thema schnell angehen. Und während ich auf Paul wartete, fiel mein Blick auf die Morgenzeitung. Heute war sie besonders dick. Die täglichen Pressemeldungen umhüllten eine Beilage. Mit der Zeitungsschau schon vor dem Frühstück zu beginnen? Ich weiß nicht. Aber bis Paul am Frühstückstisch erscheint, könnte ich schon mal einen Blick in die Tagespresse werfen; so als Vorinformation und Ablenkung auf das Warten. »Was gibt es vor dem Frühstück noch so Wichtiges zu tun, dass Paul mit seiner Gewohnheit pünktlich zu sein bricht?« – ich sprach schon mit mir selbst. Langsam wurde ich ungeduldig.

Also nahm ich die Beilage aus den üblichen Pressemeldungen heraus und begann zu lesen. Zuerst nur flüchtig, bis ich die Überschrift las: »Länger leben mit Deutschlands Top-Ärzten«. In etwas kleinerer Schrift als Untermauerung der Titelzeile: »Mit wenigen Tipps können sie ihr Leben bis zu zehn Jahren verlängern – und das bei bester Gesundheit.«

Diese Überschrift war nicht zu übersehen und hatte ihre Wirkung. Ich erinnerte mich an den heutigen Morgen im Bad. Und was ich da beobachtet hatte, forderte mich geradezu heraus, den dazugehörigen Artikel zu lesen.

In unserem Alter, bei dem die mögliche Lebenserwartung schon im einstelligen Bereich liegen könnte, machte mich der Inhalt mehr als neugierig. Außerdem interessierten mich die Hinweise dieser ärztlichen Koryphäen, hatte ich doch von ihnen schon öfter Beiträge zur gesunden Lebensweise gelesen und zweifelte nicht an ihrer medizinischen und wissenschaftlichen Kompetenz.

Also, wenn wir mit ihren Ratschlägen noch ein paar Jährchen rausschlagen könnten, das wäre doch nicht schlecht.

Dass Paul immer noch nicht am Frühstückstisch saß, fiel mir gar nicht mehr auf. Ich hatte es vergessen. Vielmehr interessierte mich, was die Top-Ärzte so für Ratschläge gaben. Da stand unter anderem »man sollte jede Woche mehrere Male joggen gehen, das erzeugt neue Nervenzellen« – machen wir, stellte ich fest.

»Süßes meiden« – machen wir auch, aber nicht konsequent.

»Tanzen gehen« – es ist doch gut, dass wir uns beim Tanzkurs angemeldet haben.

»Mit täglichen Trockenbürsten-Massagen aktiviert man den Kreislauf und das setzt Verjüngungshormone frei« – das könnten wir zum beiderseitigen Vergnügen in unser Fitnessprogramm aufnehmen.

»Auch das Liebesleben hat einen nicht unerheblichen Einfluss auf die Lebenserwartung« – auch da haben wir keine Defizite. Wir lieben uns noch immer.

Weitere Tipps folgten. Und alles, was als empfehlenswert aufgeführt wurde, war einleuchtend und das meiste davon gehörte schon zu unserem Alltag.

Nachdem ich den Beitrag zu Ende gelesen hatte, stand ich auf und ließ meine Hände über meinen Körper gleiten. Die visuelle Feststellung vom Morgen hatte ich nun in den Händen. Und mir wurde endgültig klar – es tut Not.

Gedanklich wanderten meine Hände über Pauls Körper. Da gab es auch auffällige griffige Stellen – auch da tat es Not.

Nun hatte ich mit diesem Beitrag die wissenschaftliche Untermauerung für meine beabsichtigte Debatte über Maßhalten mit Paul. Mit dem Beherzigen der Tipps und Ratschläge wurden einem immerhin ein paar Jährchen mehr in Aussicht gestellt, und das konnte auch Paul nicht kalt lassen.

Unterdessen war er ins Zimmer gekommen. Ich bemerkte ihn erst, als er sich an den Tisch setzte, gleich wieder aufstand und den Kaffee eingoss. Er murmelte »Guten Appetit« und griff gleichzeitig zum Brötchenkorb. Er schnitt das Brötchen auf und begann es mit Genuss zu belegen. Mir fielen die Bilder aus dem Badezimmer ein. Ja, es tat Not.

Das erste Brötchen aßen wir schweigend. Als Paul sich das zweite genüsslich belegte, sah ich den Zeitpunkt für gekommen, mit der Debatte über Maßhalten zu beginnen. Ich nahm erst noch einen Schluck Kaffee und überlegte, wie ich das Gespräch am besten beginne. Mir war durchaus bewusst, dass es bei diesem Thema auf die Taktik ankam. Als Paul nach dem Brötchen Nummer drei griff, war der Zeitpunkt perfekt für den Angriff auf die Fettpolster. Wie meist bei solchen schwerwiegenden Themen, begann ich zuerst über Allgemeines, in diesem Fall über gesunde Lebensweise und gesunde Ernährung, zu reden. Paul hätte hellhörig werden müssen. Aber der hatte bereits das dritte Brötchen fest in seiner Hand und wollte es gerade mit dem Messer halbieren. Ich redete nicht mehr um die Sache herum und sagte: »Paul, das dritte Brötchen ist zu viel für unsere Gesundheit.« Ich sprach in der »wir«-Form, obwohl ich gerade das letzte Stück meines ersten Brötchens in den Mund schob. Ich wollte meine kritischen Bemerkungen mit ihm teilen, sie etwas mildern. Eigentlich hätte ich sagen müssen: »Paul verzichte auf das dritte Brötchen, du wirst zu dick.«

So wie ich es gemeint hatte, hatte es Paul auch verstanden. Völlig platt sah er mich an und fragte zögerlich: »Das Dritte nicht mehr? Warum?«

Jetzt musste ich, obwohl ich ihm die direkte Konfrontation mit seiner derzeitigen Figur ersparen wollte, über meine Eindrücke von heute Morgen im Bad mit ihm reden. Fassungslos sah er mich an, denn Paul achtet sehr auf sein Äußeres.

»Iss mal ruhig weiter. Ich meinte nur, wir sollten uns etwas mehr bewegen, die Muskelmasse erhalten oder vielleicht etwas dazu packen und dann wird der Kalorienverbrauch unseres Körpers wieder etwas größer«, versuchte ich einzulenken.

Pauls Gesicht war ein einziges Fragezeichen. Sollte der Tag nicht eine ungewollte negative Wende erhalten, musste mir zum Thema »weniger essen, mehr bewegen« etwas einfallen, oder ich musste das Thema ganz vergessen.

Schließlich gelang es mir doch noch, dem Gespräch eine positive Wendung zu geben.

»Paul«, begann ich zaghaft mit einschmeichelnder Stimme, »lass uns mal wieder in einen der Wellnesstempel fahren und einen Tag lang etwas für unsere Körper und Seelen tun; Sauna, Schwimmen, Relaxen und so.«

Pauls Gesicht hellte sich auf: »Sag das doch gleich, und zähle mir nicht die Kalorien vor, die ich möglicherweise zu viel esse.«

Mit diesem Satz hatten wir den Besuch in einer Therme beschlossen, und der Tag war gerettet.

Eine Woche später fuhren wir in eine der zahlreichen Wellness-Oasen.

Unser Gepäck, zwei große Sporttaschen, gefüllt mit Bade- und Handtüchern, Duschgel und Cremes und all den Dingen, die man für einen Besuch einer Therme benötigt oder auch nicht. Schon im Eingangsbereich empfing uns eine angenehme und ruhige Atmosphäre. Die Besucherzahl war überschaubar. Wir gaben uns all den Genüssen hin, und probierten alles aus, was angeboten wurde; wir schwitzten in unterschiedlichsten Saunen, relaxten zwischen den Saunagängen ausgiebig und genossen die Massagewirkung der Wasserstrahlen im Spabecken. Wir schwammen, aber nicht zu intensiv.

Um die Mittagszeit – wir hatten richtig Hunger bekommen – aßen wir Flammkuchen und tranken ein Glas Federweißer; in Badebekleidung versteht sich. Nach dem Essen genehmigten wir uns ein Nickerchen auf Liegen unter Palmen im Poolbereich. Dann am Nachmittag noch einmal das gleiche Programm, nur auf die Sauna verzichteten wir.

Es war bereits früher Abend, als wir nach Hause fuhren. Der Tag hatte uns ganz schön geschafft und nach der ungewohnten körperlichen Bewegung hatten wir Appetit, nein, wir hatten richtigen Hunger.

Beim Abendessen resümierten wir über den Tag. Hatten wir es wirklich geschafft, mehr Kalorien als sonst zu verbrauchen? Und wie viel hatten wir für den Muskelerhalt und eventuellen Muskelzuwachs getan? Eine Menge Fragen, doch wir waren zu müde und zu abgeschlafft, um uns darüber auszutauschen.

Was wir beide empfanden war, dass wir einen Tag mit wunderbaren Erlebnissen gemeinsam verbracht hatten. Wir hatten Spaß, ein wenig Anstrengung und vor allem, wir hatten herrlich entspannt. Und das war das Wichtigste.

Das Abendbrot schmeckte. Ich zählte nicht, wie oft Pauls Hand zum Brotkorb ging.

Wir hatten etwas wiederentdeckt, das uns Freude macht. Und Freude am Leben schadet der Gesundheit und dem Wohlbefinden keinesfalls. So ähnlich stand es auch in der Beilage. Was sind da schon mögliche zehn Jahre mehr?

ALLES IST PERFEKT

Seit unserer Studienzeit sind Jochen und ich Freunde. Jochen ist für mich so etwas wie die »beste Freundin«, aber eben ohne »-in«. Vor kurzen sind er und seine Frau Gunda nach Warnemünde gezogen. Das mit dem Sichtreffen wird weniger werden, dafür telefonieren wir nun mehr.

Bei einem unserer letzten Telefonate lud Jochen Paul und mich nach Warnemünde ein. Paul lehnte diese Einladung dankend ab und fuhr nicht mit. Denn wenn beste Freunde unter sich sind, hält er sich meist raus.

Zum vereinbarten Termin stehe ich an der Wohnungstür von Gunda und Jochen. Ich läute. Beide öffnen mir die Tür. Die Wiedersehensfreude ist groß.

Nach der etwas längeren Begrüßung im Flur, muss ich meine Schuhe gegen ein Paar rosa-farbige Pantoffel mit weißem Pelzbesatz tauschen. Bereitwillig ziehe ich meine Schuhe aus, denn der Fußbodenbelag im Flur verlangt behutsame Benutzung. Eigentlich keine.

Es ist mein erster Besuch seit ihrem Umzug, und so steht als erstes die Besichtigung der Wohnung an. Flur, Bad und Schlafzimmer sind schnell in Augenschein genommen. In die Küche darf ich nur einen kurzen Blick werfen. Und so sind wir schnell im Wohnzimmer angekommen. Ich staune. Es sieht aus, als wäre ein Möbelkatalog dreidimensional geworden. Alles stimmt. Der Teppich passt zur Couch, die Gardinen und Sofakissen reihen sich in die zulässigen

Farbnuancen ein. Auch die Dinge, die der Wohnung einen persönlichen Touch geben, passen perfekt zur Einrichtung. Sie passen so gut dazu, dass man sie fast nicht wahrnimmt. Alles strahlt eine Harmonie der Farben aus. Keine Kontraste, nichts was man als geduldeten Kitsch abtun könnte.

Gunda zieht die Gardine von der Balkontür zurück. Vom Balkon aus haben wir einen wunderbaren Ausblick auf die Wohngegend. »Sehr nett«, bemerke ich, als wir uns wieder ins Zimmer begeben. Während ich schon auf dem mir zugewiesenen Sessel Platz genommen habe, sind Gunda und Jochen immer noch mit dem Ordnen der Gardinenfalten beschäftigt. Sie hätten vielleicht doch die Vorhänge nicht aufziehen sollen, überlege ich.

Mit viel Aufwand wird der Kaffeetisch gedeckt. Kaffeedecke, Geschirr und Servietten harmonieren miteinander. Selbst die Kerze und die Blüte in der Vase fügen sich in das Farbbild ein. Es ist alles korrekt arrangiert. Bei ihrer Emsigkeit und der strikten Einhaltung der Goethe'schen Farblehre, habe ich das Gefühl, dass die Gemütlichkeit etwas zu kurz kommt.

Das Kaffeetrinken verläuft ohne Besonderheiten. Ich erzähle, wie es Paul und mir, seit wir uns das letzte Mal gesehen haben, ergangen ist, in der Hoffnung, auch von ihnen etwas zu erfahren. Ich erzählte ihnen, dass Paul und ich noch oft spontan Dinge tun, die uns gerade in den Kopf kommen und dass wir mit Erfolg dabei unser Alter ignorieren. Aber entweder haben sie nichts zu erzählen, oder bei ihnen gilt die alte Regel: bei Tisch wird nicht gesprochen. Oder hat sie mein Erzählen nachdenklich gemacht? Ich habe das Gefühl, ihr Leben unterliegt einer Regie. Nur den Regisseur kann ich nicht ausmachen – Jochen oder Gunda?

Gunda bringt das Kaffeegeschirr in die Küche, um es sofort per Hand zu spülen. Es ist so wertvoll, dass es nicht geschirrspülertauglich ist. Ich biete ihr meine Hilfe an, habe aber keine Chance, Gunda zur Hand gehen zu dürfen. Also bleibe ich im Wohnzimmer, sitze neben Jochen und schaue ihn mir an. Irgendwie ist er anders als früher, finde ich. Natürlich sind wir älter geworden, und das Leben hat uns gezähmt. Aber der, da neben mir sitzt, ist nicht mehr Jochen.

Wo ist sein unerschütterlicher Optimismus, sein Humor, seine von Herzen kommende Freundlichkeit, Liebenswürdigkeit und Spontanität geblieben? Mein bester Freund steht vor mir, als hätte er in das Lager der Pessimisten gewechselt. Ohne lange um den heißen Brei zu reden, frage ich ihn, wie es ihm und Gunda geht. Diese Frage scheint er nicht erwartet zu haben, er ist überrascht. Und es dauert eine Weile, bis er mir antwortet. Es gehe ihnen beiden relativ gut. Gesundheitlich gibt es keine größeren Probleme. Es ist alles eingespielt bei ihnen, sie reisen viel, Italien/Griechenland, und in ihrem Garten verbringen sie einen großen Teil ihrer Freizeit. Aber spontan machen sie schon lange nichts mehr. Alles ist geplant, auch die Liebe – letztere, wenn überhaupt, schließt Jochen bedauernd. So sei das eben mit zunehmendem Alter, ergänzt er sein aufregendes Zusammenleben mit Gunda. Ich kann es nicht glauben, was er mir da erzählt.

Erschrocken und ein wenig ungläubig sehe ich ihn an. Am liebsten möchte ich ihn in die Arme nehmen, wie damals, als ihn seine Freundin verlassen hatte. Er ist mein bester Freund.

Als ich mich verabschiede, meine Schuhe wieder anziehen darf und die beiden zu uns nach Hause einlade, denke ich: alles perfekt, nur die Liebe fehlt.

Es funktioniert noch immer

Paul und ich, wir zählen schon zum späten Mittelalter; um ehrlich zu sein, zu den Alten. Nicht gealtert sind unsere Neugier und Spontanität. Sie garantieren oft Herzklopfen und das bewusste Kribbeln, und wir lieben das noch immer.

Unseren Alltag genießen wir, aber wir vertrödeln ihn nicht. Einige Dinge erledigen wir seit eh und je nach einem vorher festgelegten Plan. Der wöchentliche Hausputz freitags gehört dazu. Bei zwei Personen fällt nicht allzu viel an, aber den Staubpartikelchen müssen auch wir zu Leibe rücken. Gewöhnlich mache ich den Hausputz alleine. Unsere Auffassungen vom Umfang und der Dauer dieser Hausarbeit gehen zu weit auseinander. Außerdem halten Pauls »Bitte« als Aufforderung zu erbetenen Handreichungen spürbar auf. Um den Streitigkeiten über das »Wie« und »Wie lange« aus dem Weg zu gehen, beschäftigt sich Paul, wenn ich in unserer Wohnung den erforderlichen Hygienezustand wieder herstelle, mit anderen Dingen: Keller aufräumen, kleine Reparaturen erledigen, nichts was in der Wohnung zu erledigen wäre, oder er geht »jagen« – Einkäufe erledigen.

Heute brauche ich Pauls Hilfe beim Hausputz. Die Gardinen müssen gewaschen werden. Eine Arbeit, die ich ohne ihn nicht erledigen kann.

Unsere Räume sind 3,60 Meter hoch – wunderbar, aber die Fenster haben auch ihre Höhe und die steht in keiner

Relation zu meiner Körpergröße. Selbst mit den im Handel angebotenen großen Leitern für drinnen – sie reichen nicht, dass ich die Gardinen von der Stange nehmen kann.

»Bitte«, sage ich, »bitte Paul, hilf mir heute beim Gardinen abnehmen?«

Pauls Augen leuchten. Nun kann er sich endlich offiziell und erwünscht in das Saubermachen einklinken. Oder denkt er an etwas anderes? Denkt er an früher?

Ohne weitere »bitte« ist Paul schon auf dem Weg in den Keller, die Leiter zu holen. Es dauert nicht lange, als es an der Tür läutet. »Unverhoffter Besuch« vermute ich. Passt im Moment überhaupt nicht, aber verleugnen kann ich uns auch nicht, denn Paul ist ja noch im Keller. Also öffne ich die Tür und ...? Paul steht draußen. Die Leiter geschultert und soweit es ihm noch möglich ist, zuckt er mit den Schultern, damit sein Bedauern unterstreichend. »Ich habe den Schlüssel vergessen«, ist sein Kommentar.

Während Paul die Leiter aus dem Keller geholt hat, habe ich bereits die Möbel beiseitegeschoben, den Teppich zurückgeschlagen und andere Raumdekorationen entfernt.

Paul schultert die Leiter bis zum Fenster mit den Worten: »Halte mal bitte«. Ich greife natürlich schnell zu, wissend, dass meine Hilfe gebraucht wird. Etwas unbeholfen windet er sich aus den Stufen der Leiter. Das Aufstellen und Ausrichten derselben schafft er ohne weitere »bitte« und somit ohne Hilfeleistungen von mir.

Da steht sie nun. Fünf Stufen und ganz oben eine kleine Standfläche ca. 1,50 Meter über dem Wohnzimmerparkett. Schneller, als ich es vermutet habe, steht Paul auf der obersten Stufe. Noch ganz flott, denke ich. Meine Gedanken beginnen sich von unserem eigentlichen Vorhaben zu entfernen. Mein Blick wandert wieder zu Paul nach oben und um Jahre zurück. Damals stieg er nicht wesentlich schneller die Leiter nach oben und manchmal, wenn er wie heute beim Abnehmen der Gardinen oder Anbringen neuer Lampen auf der Leiter stand, krabbelte meine Hand an seinem Bein nach oben. Meist kam ich nicht sehr weit, und wir brachen unser geplantes Vorhaben ab.

In Gedanken bin ich noch bei dieser Rückblende, als Paul mir: »Halte bitte die Gardine etwas höher, damit ich sie besser aus der Schiene schieben kann«, zuruft.

Eigentlich wollte ich die Leiter halten. Mehr symbolisch, um Paul zu zeigen, wie sehr ich auf seine Unversehrtheit bedache bin. Aber Pauls Bitte, die Gardine hochzuhalten, kann ich nicht ignorieren.

Ich hänge mir die Gardine über die Schulter, und mit der freien Hand greife ich nach der Leiter. Nach einiger Zeit lasten etwa ⅔ der Gardine auf meiner Schulter.

Unsere Vorarbeit zur Gardinenwäsche von früher fällt mir wieder ein. Spontan greift meine Hand nach seinem Fuß, um dann an seinem Bein nach oben zu krabbeln. »Mal sehen, ob das noch funktioniert«, und ich erinnere mich an früher.

Immer höher schiebe ich meine Hand. Meine Füße haben bereits das Parkett verlassen. Ich stehe auf der ersten Stufe der Leiter. Jetzt kann ich die Region erreichen, in der er reagieren muss. Das letzte Drittel der Gardine rutscht mir auf die Schulter. Es riecht nach Staub. Eine Bestätigung dafür, dass unsere Aktion notwendig ist. Paul flüstert mit belegter Stimme von oben:

»Geh von der Leiter«. Ich erschrecke und mir wird bewusst, wie leichtsinnig ich war, als ich das Wohnzimmerparkett verließ. Aber meine Gedanken waren schon nicht mehr beim Hausputz.

Mit einem Satz steht Paul neben mir. Er befreit mich aus der Gardine und flüstert: »Das kannst du nicht machen ...«

Es funktioniert noch!

JEDES DING HAT EINE SEELE

Das Fernsehgerät streikte und es schien ein »Ausstand für immer« zu sein. Mein Fernsehkonsum ist zwar nicht besonders groß, aber ich bin im Sternzeichen der »Jungfrau« geboren, pingelig bis ins Letzte. Wenn irgendetwas nicht in Ordnung ist, nicht funktioniert, gleich ob ich es benötige oder nicht, es muss einsatzbereit sein. Und so versetzte mich das seine Arbeit verweigernde Fernsehgerät in einen Zustand kribbeliger Unruhe. Ein Ersatz musste her.

Meiner Freundin Inge erzählte ich von dem Missgeschick. Die Anschaffung eines neuen Gerätes wurde zum Thema unserer Unterhaltung.

Was ich ihr da berichtete, schien sie nicht besonders zu interessieren, denn sie fiel mir mit dem Satz: »In meinem Keller steht noch mein altes Fernsehgerät«, ins Wort. Es sei noch voll funktionsfähig und sie habe es nur gegen ein modernes Flachbildschirmgerät ausgetauscht. Mit »Du kannst es haben, bis du dich in Ruhe für ein neues Gerät entschieden hast«, war für sie das Thema Fernsehgerät beendet. Es ist ihre Art, derartige Gespräche kurzfristig zu beenden und sie auf einer inhaltlich höheren Stufe fortzuführen. Na gut, dachte ich, als Überbrückung, bis ich mich für ein neues Gerät entschieden habe, wäre das eine Lösung.

Das Abholen zu organisieren, war kein Problem.

Da stand er nun, der Apparat von Inge, auf dem Tisch in meinem Wohnzimmer dem alten Apparat auf der Kommode gegenüber. Nicht mehr ganz neu, aber sein Anblick durchaus respektabel. Ich spürte, dass er auf die Kommode wollte. Dazu musste jedoch erst der alte Apparat von seinem Platz weichen. Mit einem nicht unerheblichen Kraftaufwand gelang es mir, beide Geräte auszutauschen.

Schließlich stand der Neue dort, wo das nicht mehr funktionswillige Gerät mir seinen Dienst aufgekündigt hatte. Er sah nicht schlecht aus, ehrlich gesagt, fast besser als der alte Apparat, obwohl beide fast dem gleichen Jahrgang angehörten.

Beim Anschließen des neuen Gerätes ergab sich ein erstes Problem. Er verfügte nur über eine Scartbuchse. Für das Anschließen meiner Geräte, Receiver und DVD-Player benötigte ich zwei solcher Buchsen. Außerdem hatte Inge mir die falsche Fernbedienung mitgegeben. Etwas ratlos griff ich zum Telefonhörer, wählte die Nummer von Tim, dem Freund meiner Enkeltochter und hoffte auf Hilfe. Junge Menschen haben in der heutigen Zeit, was Elektronik anbelangt, für alle Fälle das Wichtigste im Hause.

Ich hatte Glück. Kurze Zeit später klingelte Tim. In seiner Hand hielt er einen Scartbuchsenverteiler. Schnell war der Makel an dem Neuen behoben und alle Voraussetzungen mit DVD-Player und Receiver, ans Netz zu gehen, gegeben. Mühsam begannen wir mit der Speicherung der Sender per Hand. Drei Sendern wiesen wir per Hand einen Platz im Fernsehgerät zu. Dann verließ uns unsere Geduld und wir verschoben die weitere Einspeicherung der Sender, bis ich im Besitz der passenden Fernbedienung sein würde.

Nun stand einem Funktionstest nichts mehr im Wege und den überließ ich Tim. Ich war unterdessen in die Küche geeilt, um uns einen Kaffee – für Tim einen Latte Macchiato und für mich einen Cappuccino – zuzubereiten. Den Kaffee genießend, entspannt im Sessel sitzend, wollten wir der »Arbeit« des Neuen zusehen. Es dauerte eine Weile, bis er sich warmgelaufen hatte, und die ersten Bilder auf dem Bildschirm auftauchten.

Zufrieden über das funktionierende Gerät machte ich es mir im Sessel bequem und genoss meinen Kaffee. Auch Tim saß zufrieden neben mir, glücklich, technisch nicht versagt zu haben. Gespannt schauen wir auf das, was über den Bildschirm flimmerte. Es war nichts Aufregendes, nichts, was unsere Aufmerksamkeit verdient hätte. Deshalb bestimmten andere Themen und das Kaffeegetränk unsere Unterhaltung.

Minuten später. Ein lauter, ein sehr lauter Knall und ein kurzes, grelles Aufflackern des Bildschirmes schreckten uns auf. Wir sahen gerade noch, wie der Bildschirm immer dunkler wurde. Dann war es still im Zimmer. Das Fernsehgerät auf der Kommode – dunkler Bildschirm und tonlos.

Tim sah mich an, seine Mundwinkel in Richtung Lächeln. »Der Apparat scheint kaputt zu sein«, stellte er fest. Was sollte ich darauf antworten? Dass er nicht mehr funktionierte, hatte ich selbst auch bemerkt. Und ebenso lapidar wie Tims Bemerkung zum Ausfall des Gerätes war auch meine Antwort. Ich antwortete kurz: »Es war ein Versuch.« Damit war unser Gespräch über das nicht funktionierende Fernsehgerät beendet.

Genüsslich tranken wir unseren Kaffee aus. Dann brachten wir die beiden sendeunwilligen Geräte in den Keller. An diesem Ort müssen sie nun auf ihre endgültige Entsorgung warten.

Was für ein Aufwand? Warum? Hätte ich mich nicht gleich für den Kauf eines neuen Gerätes entscheiden sollen? Ja schon, aber ich gehöre zu den Menschen, denen das Ersetzen noch funktionsfähiger Dinge sinnlos erscheint. Bei mir hat die Funktionstüchtigkeit noch das Primat und nicht das Hightech der Geräte. Aber nicht alles, was noch funktionsfähig ausgemustert wird, ist nach einem längeren Aufenthalt in Abstellkammern und Kellern noch funktionswillig. Auch leblose Dinge haben ihren Stolz.

REGENTROPFEN

In der Nacht hat es geregnet. Auch jetzt am Morgen tropft es noch aus den dicken dunkelgrauen Wolken am Himmel. Lange war der Regen erhofft, ersehnt. Auf den Blättern der Bäume und Sträucher haben sich Regentropfen gesammelt. Wie kleine Perlen haften sie an Blättern und Halmen, unschlüssig, ob sie verweilen oder auf die Erde fallen sollen.

Die Pflanzen auf dem Beet neben dem Fenster scheinen sich den Tropfen entgegen zu recken. Begierig saugen ihre Wurzeln in der Erde das Nass auf, um es in wachsendes Leben zu verwandeln. Ich mag diesen morgendlichen Regen. Ich muss nach draußen. Als ich die Tür öffne, empfängt mich kühle Luft. Der Regen hat aufgehört. Vereinzelt fallen noch ein paar Tropfen aus den immer noch dicken und nassschweren Wolken. Eine Frische weht mir entgegen, wie man sie nur nach Regen spüren, riechen kann.

Während ich über den Hof gehe, benetzen die letzten Tropfen meine Haut. Es stört mich nicht. Ich weiß den Regen zu schätzen, ist doch Wasser das Wichtigste, was unser Leben ausmacht. Wasser bedeckt nahezu ¾ der Erdoberfläche. Auch unser Körper besteht zu etwa 70 % aus Wasser, krame ich in meinem gespeicherten Wissen; die holländische Gurke bringt es mindestens auf 110 %, fällt mir dazu noch ein. Ich muss die Straße überqueren. Mit einem leisen Plätschern vermischen sich die vereinzelt fallenden Tropfen mit der Wasserlache am Straßenrand. In der morgendlichen

Stille hat dieses Geräusch etwas Beruhigendes. Ein Auto kommt näher. Ohne sein Tempo zu verringern, rast der Fahrer durch die Pfütze. Eine Wasserfontäne spritzt nach allen Seiten. Unbeeindruckt fährt er weiter. An meinem Mantel haften viele kleine Tropfen. Keine glänzenden perlenartigen Tropfen, wie sie aus den Wolken fallen; Tropfen aus der Pfütze. Sie sind schmutzig.

Der Regen, den ich eben noch bestaunt habe, wird kurzzeitig zu einem Ärgernis für mich. Hastig schüttle ich die Wasserspritzer von meinem Mantel. Ich hole tief Luft und das wunderbare Gefühl von morgendlicher Frische ist wieder da. Der unachtsame Autofahrer und die Wasserspritzer aus der Pfütze sind vergessen.

Ich weiß, wir brauchen den Regen.

Vorhang auf und aus!

Als der Vorhang zum letzten Akt von »Don Giovanni« fiel und der sehr verhaltene Beifall verklungen war, stand für mich fest, das würde der letzte Opernbesuch auf längere Zeit sein.

Was war der Grund, was mich so verärgert, so enttäuscht hatte? Es waren nicht die Leistungen des Orchesters und der Mitwirkenden auf der Bühne. Don Giovanni sang seine Arien und Rezitative mit wunderbarer ausdrucksstarker Stimme, auch Donna Anna und die anderen Darsteller waren stimmlich perfekt. Was hatte man den Zuschauern, und ich nehme an auch den Darstellern, angetan? Don Giovanni in Feinrippunterwäsche, Donna Anna, eine etwas korpulentere Sängerin, in Korsage und Slip, verhüllt in einem mit etwas Tüll angedeutetem Negligé. Was da auf der Bühne fürs Auge geboten wurde war nicht aufreizend, eher eklatant mit einem Hang zum Obszönen.

Es war wieder eine der Inszenierungen, in der sich ein Regisseur mit seinen eigenwilligen neuzeitlichen Interpretationen selbstverwirklichen wollte. Warum tut man so etwas? Gibt es nicht genügend zeitgenössische Komponisten, Schriftsteller, die sich mit unserer Zeit auseinandersetzen, ebenso, wie es die alten Meister zu ihrer Zeit getan haben? Ich glaube, wenn diese sich in Selbstherrlichkeit wiegenden

Regisseure es könnten, sie würden auch an den Partituren Hand anlegen. Anfänge dazu soll es schon gegeben haben.

Warum dürfen wir die Klassiker nicht so erleben, wie sie die Musiker und Texter vergangener Zeiten empfunden und aufgeschrieben haben? Warum dürfen wir nicht einen attraktiven Don Giovanni auf der Bühne erleben? Würde es nicht sein unmoralisches Handeln unterstreichen?

Übrigens, Liothards »Schokoladenmädchen« hat man doch bisher auch noch nicht modernisiert und es dem heutigen Modestil angepasst, vielleicht Minirock. Hoffentlich nicht, oder doch?

Ich hatte es jedenfalls satt, mich mit dem Kunstverstehen exaltierter Regisseure auseinander zu setzen. Mein Interesse an klassischer Musik und Opern blieb, aber ich beschränkte mich in der folgenden Zeit auf Konzerte und konzertante Opernaufführungen.

Während eines Besuches in Leipzig wurde ich auf ein Plakat aufmerksam. Es war eine Werbung des Opernhauses Leipzig für die Aufführung des Rosenkavaliers von Richard Strauss. Das Plakat zeigte eine Szene aus eben dieser Oper in der Zeit um 1740 in Wien. Sollten die Leipziger so mutig sein, nicht dem Trend der Opernmodernisierung zu folgen? Das wollte ich mir ansehen. Und tatsächlich gelang es mir, an der Abendkasse noch eine Karte zu bekommen.

Ich war gespannt auf den Abend. Als ich das Opernhaus betrat, war ich von der räumlichen Großzügigkeit beeindruckt. Das Foyer weitläufig, der Boden mit weichen Belägen ausgelegt. Das Licht der großen Leuchter an den Decken und

Wänden verströmte eine festliche Atmosphäre. Die Besucher waren ausschließlich elegant gekleidet. Zu meinem Glück hatte ich das beste Kleidungsstück, welches sich in meinem Reisegepäck befand, angezogen.

In den folgenden vier Stunden erlebte ich eine Aufführung, wie sie möglicherweise bei ihrer Uraufführung 1911 in Dresden inszeniert worden war.

So wollte ich das musikalische Erbe vergangener Zeiten erleben. Trotz der »Entführung« der Zuschauer in eine längst vergangene Zeit war erkennbar, dass die von Hugo von Hofmannsthal geschaffenen Figuren und die Handlung auch noch in unserer Zeit von Aktualität sind.

Es war eine wunderbare Aufführung und ich wurde nicht enttäuscht.

Lange habe ich noch über diesen Opernbesuch nachgedacht und wieder Lust auf Oper bekommen. Vielleicht sollte ich mich für ein Anrecht im Leipziger Opernhaus entschließen. Die Zugfahrt dauert nur etwas über eine Stunde.

Der Kapitän und Labskaus

Zu unserem Bekanntenkreis gehört ein richtiger Kapitän. Ein Kapitän a.D. mit Namen Klaus. In den Jahren, als Klaus noch zur See fuhr, hatte er keinen »Heimathafen« gefunden. Erst als er abmusterte, vermisste er häusliche Geborgenheit und Liebe. Und irgendwie wollte es das Schicksal, dass er in meiner Freundin Mala die Frau fürs Leben fand. Er entführte Mala an die Küste und das einzige, was wir ihm als Versprechen abringen konnten, war, dass wir uns mindestens zweimal im Jahr sehen werden. Und so halten wir es nun schon einige Jahre. Einmal im Jahr besuchen wir Mala und den Käpt'n in ihrem kleinen schmucken Häuschen auf dem Darß und einmal sind die beiden Gäste bei uns in Berlin.

Der Berlinbesuch stand an.

Das Wiedersehen rückte näher und näher. Wie immer als Begrüßung das gemeinsame Mittagessen. Dass Mala und ich gemeinsam das Essen zubereiten würden, war das einzige, was feststand. Denn das tun wir immer, wenn wir zusammen sind.

Aber was werden wir zu Mittag essen? Das zu entscheiden, obliegt immer den Gastgebern, in diesem Fall Paul und mir. Und das war das Einzige, was mich im Hinblick auf unser Wiedersehen etwas beunruhigte.

Etwa eine Woche vor unserem Wiedersehen, ich war in der Küche mit der Vorbereitung des Abendessens beschäftigt, als Paul plötzlich neben mir stand. Ich hatte es nicht bemerkt, dass er den Weg zur Küche gefunden und es geschafft hatte, die 6,50 Meter zwischen Wohnzimmer und Küche zu überwinden. Es kommt nicht oft vor. Außerdem gehört Kochen nicht zu Pauls Leidenschaften. Ich war überrascht, als er auf einmal neben mir stand. Noch überraschter war ich von dem folgenden Satz: »Was meinst Du? Wenn Mala und der Käpt'n kommen, könnten wir zu Mittag Labskaus essen.« Ich war von Pauls Kreativität beeindruckt und fand seine Idee so gut, dass ich mich sofort für das Labskaus entschied. Noch ehe ich ihn für diesen Einfall loben konnte, war er ebenso lautlos, wie er in der Küche aufgetaucht war, auch wieder verschwunden.

Endlich war Wochenende, und wir konnten Mala und Klaus bei uns willkommen heißen.

Noch während wir den Begrüßungstee tranken, denn Mala und Klaus hatten das Lager der Kaffeetrinker verlassen und waren Teetrinker geworden, erzählte der Käpt'n Geschichten aus der Zeit, als er noch über die Meere fuhr. Wir waren wie immer von seinen spannenden und ungewöhnlichen Erzählungen fasziniert, wohl wissend, dass er dabei manchmal das Seemansgarn zu dicken Seilen spann. Es störte uns nicht, und wir verzichteten darauf, den Wahrheitsgehalt seiner Geschichten zu erfahren.

Während Mala und ich uns in die Küche zurückgezogen hatten, webte der Käpt'n aus seinem Seemannsgarn ein Netz, das er über Paul warf. Wir Frauen nutzten die Zeit in der Küche, um Neuigkeiten auszutauschen, die nur Frauen interessieren. Nebenbei bereiteten wir das Mittagessen zu, und es bereitete uns wie immer großes Vergnügen.

Mala briet das Cornedbeef in der Pfanne an und ich stampfte die Kartoffeln zu Brei. Dann vermischten wir beides. Damit war das Essen auch schon fast fertig. Den Brei verteilten wir auf die Teller. Neben den Cornedbeef-Kartoffelbrei legten wir die Matjesfilets und garnierten alles mit einigen Scheiben Rote Bete, einer kleinen Gewürzgurke und Zwiebelringen. Das Ganze sah sehr bunt und appetitlich aus. Ein Spiegelei auf dem Breiberg rundete dieses außergewöhnliche Farbenspiel auf dem Teller ab.

Als wir das Essen im Wohnzimmer servierten, hatte Paul schon den Tisch gedeckt und die Biergläser gefüllt. Nun nur noch schnell die CD mit Seemannsliedern, die ich im Sonderangebot einer Drogeriekette gefunden hatte, in den CD-Player. Ich fand sie passend zum Diner und wir konnten mit dem Essen beginnen. Als das Shanty »Santiano« erklang, glaubte ich bei dem Käpt'n in feuchte Augen zu sehen. Es schien ihm nahezugehen. Irgendwie sind Fahrensmänner auf ihre Art sehr sentimental.

Das Essen hatte allen geschmeckt, wie sollte man sonst bewerten, dass Paul und der Käpt'n sich den restlichen Cornedbeef-Kartoffelbrei teilten. Noch ein letztes Zuprosten und das Diner war beendet.

Paul und der Käpt'n hatten bereits in der Sofaecke Platz genommen und warteten auf den Espresso, mit dem wir das Mittagmahl beschließen wollten.

Mala und ich waren mit dem Abräumen des Geschirrs beschäftigt. Und als wir mit dem frisch gebrühten Espresso aus der Küche zurück ins Wohnzimmer kamen, hörte ich den Käpt'n folgenden Satz sagen: »Labskaus habe ich während meiner ganzen Zeit, in der ich zur See gefahren bin, noch nie gegessen.« Dieser Satz ließ mich aufhorchen. Hatte ich nicht gelesen, dass schon mit Beginn der Seefahrt Labskaus auf dem Speiseplan der Fahrensmänner stand? Jeder Smutje wusste, dass er die Seeleute mit diesem Essen bei den Segeln und Rudern halten konnte, und dass sich heute das Labskaus nicht nur auf Schiffen großer Beliebtheit erfreut. Man findet es auf den Speisekarten vieler guter Restaurants, nicht nur an der Küste.

War das, was der Käpt'n gerade gesagt hatte, die Wahrheit oder Seemannsgarn für ein neues Netz, in das er uns einfangen wollte?

Rezept für Labskaus

Ein Essen welches sich nicht nur früher bei
Fahrensmännern großer Beliebtheit erfreute,
steht heute auf der Speisekarte jedes guten
Restaurants an der Küste; und nicht nur dort.
(Zutaten für 4 Personen)

800 g Cornedbeef
800 g Kartoffeln (mehlig kochend)
4 Gewürzgurken
4 Matjesfilets
4 kleine Rote Beete Kugeln
1 Gemüsezwiebel
4 Eier

Cornedbeef leicht anbraten. Kartoffeln kochen und
pürieren. Cornedbeef und Kartoffelbrei verrühren.
Mit Senf, Salz und Pfeffer nach Bedarf abschmecken.
Den Cornedbeef-Kartoffelbrei auf dem Teller anrichten.
Die Breiportionen mit Gewürzgurke (in Fächer
aufschneiden) und Rote Bete Scheiben garnieren.
Auf den Breiberg ein Matjesfilets geben und
das Ganze mit einem Spiegelei abdecken.

Guten Appetit!

HBK

DAS NEUE LEBEN
DES GEORGE CLOONEY

George Clooney«, der Kater unserer Familie, ist vor einiger Zeit mit seiner Menschenfamilie aufs Land gezogen. Mir fiel der Abschied nicht sonderlich schwer, hatte er mich doch bei seinem letzten Besuch im vergangenen Sommer zutiefst enttäuscht. Seine Flucht nach 13 gemeinsam verbrachten harmonischen Tagen versetzt mich noch heute in Schrecken. Nun sollte er das letzte Drittel seines Katzenlebens als »Freigänger« genießen dürfen.

Alles hübsch, eigenes Haus mit Garten. Für Georgi sollte es eine völlig neue Lebensqualität werden. Aber so einfach, wie sich das seine Menschenfamilie vorgestellt hatte, gestaltete sich seine Eingewöhnung dann doch nicht. Die neue Umgebung, vor allem der Freigang, wurde zu einem nicht zu übersehenden Problem für ihn und seine Menschenfamilie.

In seinem bisherigen Katzenleben hatte er nur die weichen Teppiche des Wohnzimmers, das Parkett der übrigen Räume und die warmen Fliesen der Fußbodenheizung in der Küche unter seinen Pfoten gefühlt.

Nun verteilte sich sein Revier auf zwei Ebenen im Haus und auf einen prächtigen Garten mit weichen Rasen, einer Hecke, diversen Sträuchern und einigen Bäumen.

Diese verlockende Aussicht auf ein spannendes Katzenleben am Rande der Großstadt gestaltete sich schwierig und äußerst schmerzhaft für ihn.

Bevor das Grundstück bebaut wurde, gehörte es zum Revier von »Graupeter«, einem geschorenen Perserkater, dessen Kopf und Schwanz nur noch an das Aussehen eines solchen erinnert, und Graupeters Bruder »Schwarzpeter«, einem gewöhnlichen Kater. Auf einem etwas weiter entfernten Grundstück lebt »Kalle«, ein rotgestromter Kurzhaarkater. Er gehört ebenso wie »Graupeter« und »Schwarzpeter« zur ländlichen Gang. Die drei hatten zweifelsfrei den Vorteil, dass ihre Menschenfamilien schon lange vor »George Clooneys« Familie ihre Häuser bezogen hatten.

»George Clooneys« Menschenfamilie wollte ihm auf ihre Weise beim Eingewöhnen in die neue, doch für Katzen so verlockende Umgebung, unterstützen. Sie nannten ihn fortan »Scotty«. Sie wollten dem hämischen Grinsen der Menschenfamilien vorbeugen, wenn sie »George Clooney« riefen und außerdem klang »Scotty« auch viel sportlicher für das Landleben. Den ortsansässigen Katzen war der Name sicher egal, und er hatte keine Bedeutung für ihre Strategie, den Neuankömmling aus ihrem bis dahin zugänglichem Gebiet zu vertreiben oder zumindest den Neuen unter Kontrolle zu halten. Denn »Scotty« alias »George Clooney« war aus Katzensicht ein Eindringling in ihr Revier und das bedeutete Kampf.

Seinen ersten Freigang genoss »Scotty« unter Aufsicht seiner Menschenfamilie. Als er voller Tatendrang und Neugier das Grundstück inspizierte, biederte sich »Kalle«, der Rotgestromte, an. Er schlich um »Scotty« herum und beschnüffelte ihn. Scotty schiene dieses Getue als eine Freundschaftsbezeugung zu bewerten. Außerdem hatten

sie die gleiche Fellfärbung, was sollte da schief gehen. Die Begegnung endete damit, dass »Scotty« mit dem Roten sein Futter teilte. Wie sich aber später herausstellte, war es eine heimtückische Falle der Katzengang. Mit diesem ersten Freigang lernte »Scotty« die schöne Natur, die frische Luft zu schätzen. Das hieß, er wollte nun täglich nach draußen.

Einige Tage später. »Scotty« hatte sich in den Teil des Gartens verzogen, zu dem seine Menschenfamilie keinen Einblick hatte. Es war ein fataler, folgenschwerer Fehler. Was geschah, konnte man nur vage ahnen. Als »Scotty« nach seinen Ausflug in den Garten an der Tür stand und um Einlass bettelte, war aus dem einst stattlichen »George Clooney« ein hinkender jämmerlicher aussehender Kater geworden. Im Fell taten sich größere Flecken ohne Behaarung auf. Struppig, am Ohr blutend, schleppte er sich ins Zimmer.

Eine Woche benötigte er zur Pflege und Heilung seiner Wunden. Dann sah er wieder einem Kater ähnlich. Die Fellfetzen waren neu behaart und die Wunde am Ohr abgeheilt. Die aufopferungsvolle Pflege seiner Menschenfamilie hatte wesentlichen Anteil an seiner raschen Genesung. Aber diese Zeit im Hause, in der er in Sicherheit war, schien er, soweit das ihm überhaupt in seinem Zustand möglich war, genutzt zu haben, sich eine Taktik für die nächste Begegnung mit der ansässigen Katzengang auszudenken.

Nach einer Woche, geschützt vor den Angriffen der ländlichen Katzengang, erzwang er sich erneut seinen Freigang. Seine Menschenfamilie hatte nicht bemerkt, dass er nach draußen verschwunden war. Er musste die Stelle des Grundstückes aufgesucht haben, an der er so »unmenschlich« behandelt worden war. Als sein Verschwinden bemerkt wurde, startete eine große Suchaktion. Die Rufe nach »Scotty« und »George Clooney« sowie das Rascheln mit der Knusperflockendose, es funktioniert noch immer, lockten ihn aus der hintersten Ecke des Gartens. Mit erhobenem Kopf schritt er über den Rasen auf seine Menschenfamilie zu. Zwischen seinen Krallen hingen graue und schwarze Fellfetzen. Die Aufteilung der Reviere schien für ihn erfolgreich verlaufen zu sein.

Es muss ein harter Kampf gewesen sein, denn die Alteingesessenen meiden seitdem das Grundstück. Und wenn »Scotty« seinen Freigang genießt, beginnt er ihn stets mit einem Rundgang entlang am Gartenzaun.

Als ich ihn letztens besuchte, schlich er um mich herum, rieb seinen Kopf an meinen Beinen und sein Schnurren war nicht zu überhören. Die ganze Zeit saß oder lag er in meiner Nähe. Als ich mich verabschiedete, sah er mich mit seinen großen Bernsteinaugen an, als wollte er sagen: Die Tage auf deinem Balkon waren sehr schön. Beim nächsten Urlaub meiner Menschenfamilie sehen wir uns wieder, ja?

EIN NACHMITTAG MIT LUISE

Nun war es endlich wahr geworden. Irene hatte den längst überfälligen Status »Großmutter« erreicht. Mit fast 60 Jahren ein wenig zu spät, um die nach Klein Luise folgende Generation noch kennen zu lernen, aber nun war sie wenigstens Großmutter geworden.

Es ist Dienstag und Dienstag ist, seit es Luise gibt, »Oma-Tag« für Irene. Noch besteht dieser »Oma-Tag« nur aus dem Ausfahren von Luise. Aber das wird sich mit zunehmendem Alter von Luise sicher ändern.

Irene hatte schon zwei Dienstage mit der Kleinen an der frischen Luft verbracht, wenn auch das Wetter eine Herausforderung war. Nicht für Luise, die lag in kuschelige Decken gehüllt in einen der modernen Allzweckkinderwagen. Die Herausforderung richtete sich einseitig an Irene.

Heute nun zur Ausfahrtzeit strahlender Sonnenschein, und ich war eingeladen, dabei zu sein.

Pünktlich zur verabredeten Zeit trat Luises Mama mit dem Winzling in der Babytragetasche aus der Haustür. Irene übernahm – während die Mama noch mal im Haus verschwand – die Tragetasche samt Luise. Ich assistierte ihr dabei, wenn auch nur mit Blicken. Der restliche Wagenteil erschien mit Luises Mama, und ohne großen Aufwand vereinigten sich Tragetasche und Wagengestell zu einem ansehnlichen Kinderwagen. Der letzte Hinweis der jungen Mama, ehe wir losschoben, lautete: »Wenn ihr mit ihr nicht fertig werdet, dann ruft an.« Was war das? Luise wog höchstens zehn Pfund, lag friedlich in ihrem Wagen, schon wissend, dass im Wagen spazieren gefahren zu werden, das höchste Glück für Babys ist. Womit sollten wir nicht fertig werden? Wir nickten beide, was so viel bedeutete wie, wir werden den Rat beherzigen.

Die Haustür klappte zu. Irene, Luise und ich waren bereit für einen längeren gemeinsamen Spaziergang. »Schiebe du mal«, bot mir Irene an. Ich schüttelte mit dem Kopf, denn ich wollte Irene nichts von ihrem noch jungen »Oma-Glück« nehmen. Sollte sie den Wagen schieben. Obwohl – ich hätte auch gerne, denn meine Enkelkinder waren schon erwachsen bzw. im Teenie-Alter und die Zeit des Ausfahrens war lange her. Wir einigten uns, gemeinsam Luises Wagen zu schieben.

Unser Ziel war der nahe gelegene See. In kurzen, sehr kurzen Abständen schauten wir immer und immer wieder in das Innere des Wagens, aber Luischen schlief friedlich, verzog ihren kleinen Mund des Öfteren zu einem Lächeln, was uns beide natürlich in größte Verzückung versetzte. Während wir den See umrundeten, erklärte mir Irene: »Luise mag es nicht, wenn der Wagen sich länger als fünf Minuten nicht bewegt.«

Die Sonne, das Gezwitscher der Vögel und die zahlreichen Parkbänke am Ufer des Sees waren verführerisch. Kurzentschlossen verstießen wir gegen Luises Vorliebe für bewegte Kinderwagen. Die nächste Parkbank war unser. Nach fünf Minuten, gefühlte zehn Sekunden, bewegte sich der Wagen. Nicht dass wir ihn bewegten, nein, Luise hatte mit ihren Füßen sehr energisch gegen die Zudecke gestoßen. Als wir in den Wagen sahen, schauten uns große muntere Augen an. Es war der erste Hinweis von ihr, dass wir weiterfahren sollten.

Genau in diesem Moment begann in unserer unmittelbaren Nähe der Motor einer Heckenschere zu tuckern. Was für ein Geräusch. Für uns schon eine Lärmbelästigung, für Luise bisher noch nicht gehörte Töne. Ihre Augen waren weit aufgerissen, aber ansonsten lag sie brav in ihrem Wagen und lauschte diesem für sie seltsamen Geräusch. Wir hatten dank des Laubenpiepers noch ein paar Minuten für uns zum Verweilen auf der Parkbank herausgeschunden. Lange hielt der Reiz des Neuen bei Luise nicht an. Ein paar unartikulierte Laute, noch kein Weinen, aber eine dringliche Mahnung an uns, nun endlich weiter zu fahren.

Noch einmal wollten wir den See nicht umrunden und so beschlossen wir, den Spaziergang im Park auf der anderen Straßenseite fortzusetzen. Um auf die andere Seite zu gelangen, benutzten wir den Fußgängerschutzweg, wenn gleich das einige hundert Meter Umweg bedeutete. Wir nahmen ihn in Kauf. Irene und ich, wir waren noch in der Lage, jede Straße auch ohne Ampel oder Fußgängerschutzweg sicher zu überqueren. Aber hier ging es um Luises Sicherheit. Unterdessen hatten wir auch die Lenkfähigkeit des Wagens voll im Griff. Von Irenes Angebot, den Wagen mal alleine zu schieben, hatte ich unterdessen auch schon Gebrauch gemacht. Wir beherrschten das Gefährt perfekt.

Bei einem unserer Blicke in den Wagen, stellte Irene besorgt fest, dass Luise ihre Mütze etwas sehr salopp trug; beide Ohren frei, aber dafür waren Stirn und Augen bedeckt. Unentschlossen und sehr behutsam zupfte Irene an der Kopfbedeckung. Aber so sehr sie sich mühte, die Mütze machte sich zunehmend selbständig und wanderte immer mehr auf das Gesicht. Irene scheiterte an ihrer Zaghaftigkeit, Luise anzufassen. Ich wollte nicht direkt eingreifen und empfahl ihr: »Fass doch mal richtig zu.« Irene schaffte es nicht und so bedeckte die Mütze auch weiterhin Stirn und Augen. Luise schien das nicht zu stören, sie schien es nicht zu merken, denn sie schlief bereits wieder.

Es wurde Zeit den Weg nach Hause einzuschlagen und Luise wieder in die Obhut ihrer Mama zu geben. Der Weg führte uns an einem Eiscafé vorbei. Im Garten saßen zwei jüngere Frauen und tranken genüsslich einen Cappuccino, neben sich ihre Kinderwagen. In diesen Wagen bewegte sich nichts, was nach einer Aufforderung nach Weiterfahren aussah. Ach, das hätte Irene auch gern getan, ich natürlich auch, aber Luise schlief nur, wenn sich der Wagen bewegte. Wir erlagen der Versuchung und gönnten uns jeder eine Kugel Eis in der Waffel zum Mitnehmen. Wobei wir eine Arbeitsteilung entwickelten. Irene suchte das Eis aus, dann übergab ich ihr den Wagen samt Luise, und ich holte die Eiswaffeln ab. Wir trösteten uns damit, dass wir später, wenn Luise mehr als das gleichmäßige und einschläfernde Schaukeln des Wagens kennengelernt hat, unser Eis auch in dem Eiscafé essen können.

Nun mussten wir aber endgültig nach Hause, denn in absehbarer Zeit würde sich Luise melden, egal ob der Wagen fährt oder steht. Es war Zeit für eine Mahlzeit.

Wir lieferten die Kleine wohlbehalten bei ihrer Mama ab. Irene entschuldigte sich über den nicht ordnungsgemäßen Sitz der Mütze. Und sie konnte es sich nicht verkneifen, meine Empfehlung, die ich ihr bezüglich der Mützenkorrektur gegeben hatte, Luises Mama mitzuteilen. Es war mir peinlich, denn was musste Luises Mama von mir denken!

Wir verabschiedeten uns; Luise in Erwartung ihrer Mahlzeit von Mama, Irene freute sich auf den Feierabend, und auch ich machte mich auf den Nachhauseweg. Unterwegs ging mir die Sache mit der verrutschten Mütze nicht aus dem Sinn.

Warum haben wir, hat Irene, nicht behutsam das Köpfchen angehoben und die Mütze auf dem Köpfchen an die richtige Stelle platziert, so wie wir es unzählige Male bei unseren Kindern getan haben? Und wir hatten nie einen einzigen Gedanken, etwas falsch zu machen oder grob zu sein. Warum waren wir so gehemmt? Unsere Babys hatten den »Mutterinstinkt« in uns geweckt. Mit zunehmendem Alter hatte er sich den Erfordernissen heranwachsender Kinder angepasst. Wir waren etwas robuster geworden. Und nun, wo wir erfahrener, reifer und älter geworden sind, unsere Kinder uns mit ihrem Nachwuchs zu Großmüttern gemacht haben, müssen wir wieder lernen, mit dieser Zartheit umzugehen?

Warum ist das so?

WANDERN MIT GEPÄCK

In diesem Jahr war keine Radtour geplant, wir wollten eine Woche wandern. Wo? Der Rennsteig sollte es sein. Über den Tour-Verlauf waren wir uns schnell einig. In Hörschel sollte die Wanderung beginnen und in Neuhaus am Rennweg enden. Die Gesamtlänge des Rennsteigs unter die Wanderschuhe zu nehmen, ließ sich zeitlich nicht einordnen.

Unserem »Waldtreterquartett« wurde verstärkt durch meine Tochter und Irenes Freund Alistair aus England.

Wie Irene und Alistair zueinander stehen, ist nicht eindeutig geklärt. Es hatte auch keine Bedeutung bei unserer Wanderung. Nur so viel dazu. Für die Übernachtungen hatten wir ein Dreibettzimmer, ein Zweibettzimmer und ein Einzelzimmer gebucht. Irene, Susanne und Britta verbachten ihre Nächte zusammen, ich legte mich mit meiner Tochter in einem gemeinsamen Zimmer zur Ruhe und Alistair verschwand jeden Abend im Einbettzimmer. Damit ist die Frage zur Tiefe der Freundschaft zwischen Irene und Alistair geklärt.

Endlich war es soweit. Unser Treffpunkt: Berlin Hauptbahnhof.

Bei der Begrüßung galt dem Umfang des Wandergepäcks die größte Beachtung. Wie hatte sich jeder auf diese Woche Wandern eingerichtet? Nicht zu viel Textiles, aber auch nicht zu wenig. Und vor allem nicht zu schwer, denn das Gepäck begleitete uns auf der gesamten Tour. Das hieß, wir mussten unsere Rucksäcke selbst schultern. Obwohl man Frauen oft einen verschwenderischen Umgang mit Garderobe nachsagt, hatten wir fünf Frauen jede einen Rucksack mittlerer Größe auf dem Rücken und ein kleines Gürteltäschchen um die Hüfte.

Einzig Alistairs Gepäck war weitaus üppiger ausgefallen. Er trug auf dem Rücken einen Rucksack, wie sie für Wanderprofis in Spezialläden angeboten werden. Seine Brust schützte ein Rucksack in der Größe der unseren. Damit nicht genug. Der Reiseproviant und andere Dinge waren in einem Beutel untergebracht, der den Gebrauch seiner Arme und Hände erheblich einschränkte. Dank unserer Mithilfe beim Verzehr von Mandeln, Rosinen, Keksen und Schokolade – vorausschauend gedacht als wirksame Mittel gegen die sogenannten »Hungeräste« während der Wanderung – war der Beutel schon nach zwei Tagen leer. Er verschwand in einem von Alistairs Rucksäcken und verweilte dort bis Neuhaus am Rennweg. Damit hatten Alistairs Arme und Hände wieder ihre volle Funktionsfähigkeit, wenn man davon absieht, dass der Rucksack, den er immer vor sich her an die Brust gegurtet trug, seine Flexibilität doch beeinträchtigte.

Die Anreise klappte, an den Unterbringungen in den Hotels oder Pensionen gab es nichts auszusetzen. Alles war perfekt, die Etappen nicht zu lang, das Wetter wunderbar, keine Blasen an den Füßen und kein Zickenkrieg. Wir hatten eine Menge Spaß, besonders durch die Null-Kenntnis der deutschen Sprache von Alistair und den damit einhergehenden Wortverwechslungen und sonstigen Sprachschwierigkeiten. Irene perfekt in der englischen Sprache, und wir anderen Waldtreter auf dem Sprachniveau zum Überleben. Ausnahme war meine Tochter, die sich in einer ähnlichen Situation wie Alistair befand, nur umgekehrt, Null-Kenntnis der englischen Sprache. Das sollte die Beiden jedoch nicht daran hindern, längere Gespräche miteinander zu führen; ohne Wörterbuch oder sonstige Hilfsmittel. Während ihrer Unterhaltung waren sie uns stets einige Schritte voraus. Und so konnten wir an ihren angeregten Gedankenaustauschen nicht teilhaben. Wenn man sie aber debattieren sah, konnte man auf eine Konversation auf höchstem Niveau schließen.

Wir genossen in dieser herrlichen märchenhaft anmutenden Natur jeden Kilometer. Die Fotoapparate klickten, um diese eindrucksvolle Landschaft für die »Ewigkeit« festzuhalten.

Etwa Zweidrittel der Wanderung hatten wir geschafft, als der Weg uns entlang eines riesigen blühenden Rapsfeldes führte. Ein Farbenspiel: wolkenloser blauer Himmel, gelbe Rapsblüten an grünen Stängeln, verwurzelt in brauner Erde. Wow! Und wir mittendrin. Alistair war fasziniert und bat um ein Foto. Er im Rapsfeld. Damit dieser Blütenteppichs auch so richtig zur Wirkung kommen konnte, dirigierten wir ihn einige Meter ins Feld. Da stand er nun in einem gelben Blütenmeer. Das Motiv perfekt, reif für einen Fotowettbewerb oder zumindest fürs eigene Fotoalbum.

Als Alistair aus dem gelben Blütenmeer wieder auftauchte, trauten wir unseren Augen nicht. Er hatte eine unglaubliche

Ähnlichkeit mit der Biene Maja. Nein, das geht nicht. Willi aus der Biene Maja ist da eher zutreffend, obwohl Drohnen keinen Blütenstaub sammeln. Egal. An Alistairs Hosen haftete der Blütenstaub aller Rapsblüten, die er bei seinen Schritten in das Feld gestreift hatte. Seine graue Hose hatte eine intensive gelbe Farbe angenommen. Was tun? Wir hatten die Idee, den Blütenstaub aus der Hose zu klopfen. Das Ergebnis der Klopferei war nicht befriedigend. Und es gab ein Problem, mit dem wir nicht gerechnet hatten. Durch unser Klopfen hatten wir den Blütenstaub nicht aus der Hose, wir hatten ihn eher in die Hose geklopft. Wie das wohl die Bienen machen, wenn sie sich von ihren Blütenstaubhöschen befreien?

Als wir den Farbwandel der Hose bemerkten, stellten wir unsere Bemühungen, die Hose zu reinigen, ein. Was gab es noch für Möglichkeiten die Hose zu säubern? Abwartend, auf die Einfälle wie es nun weitergehen soll, entschieden wir uns für eine kurze Rast – Lagebesprechung.

Ich weiß nicht, wer von uns Frauen den folgenden Satz an Alistair richtete: »Du wirst wohl morgen eine andere Hose anziehen müssen.« Alistair sah uns fragend an, denn er hatte kein Wort verstanden. »You have to change your trousers tomorrow«,

oder so ähnlich versuchten wir, ihm unseren Vorschlag verständlich zu machen. Er schien immer noch nicht verstanden zu haben, was wir ihm sagen wollten. Nach einer etwas längeren Pause antwortete er dann doch noch: »I have only this.«

Schlagartig fiel uns sein umfangreiches Gepäck ein, das er nun schon seit Hörschel mit sich herumschleppte und uns wurde bewusst, dass sich sein Outfit bisher nicht merklich verändert hatte. Ungläubig starrten wir auf die zwei Rucksäcke. Ein Lachanfall war nicht mehr zu unterdrücken. Aus der Rast wurde eine längere Pause. Die Frage: »Was trägt er in seinen Rucksäcken mit sich herum?«, musste augenblicklich geklärt werden.

Bis bald!

Der Abschied auf dem Bahnhof hatte nach außen hin eine von unserem Alter zu erwartende Sachlichkeit. Unsere Gefühle hatten wir beide für uns behalten. Unser Abschied war ein Lächeln, ein flüchtiger Kuss und ein Winken, als der Zug aus der Bahnhofshalle fuhr.

In diesem Moment wurde mir klar, dass wir uns nun jede Minute weiter voneinander entfernen. Es werden wieder über 500 Kilometer sein. Dabei lieben wir unsere Nähe so sehr.

Als ich zu Hause den Schlüssel in das Schloss der Wohnungstür stecke, wird mir endgültig klar, du bist nicht mehr da.

Begrüßt werde ich vom Kater, ein Feriengast. Er bleibt noch ein paar Wochen bei mir. Was hätte ich gegeben, die Länge deines Aufenthaltes mit der des Katers zu tauschen. Uns blieben nur drei Tage. Ich mache die ersten Schritte in den Flur, als der Kater mich entdeckt und schnurrend um meine Beine streicht. Wir haben beide Sehnsüchte. Er nach seiner Menschenfamilie und ich nach dir. Er freut sich über meine Rückkehr und die zu erwartenden Streicheleinheiten. Bei diesem Deal gehe ich leer aus.

Mit meinen Augen beginne ich alle Orte, an denen wir in den letzten Tagen glücklich waren abzutasten. Ich möchte, nein ich will deine Anwesenheit noch ein wenig länger spüren. Aber wie?

Im Bad erinnern mich die Spritzer an den Fliesen an unser gemeinsames Badevergnügen. Sie werden noch eine Weile Erinnerung an dich sein. Deine Handtücher werden zu meinen.

Im Schlafzimmer streiche ich über unser Kopfkissen. Als ich meinen Kopf in dem Kissen vergrabe, um den Tränen der Trennung keine Chance zu geben, höre ich all die geflüsterte Zärtlichkeit der vergangenen Nächte.

Noch einige Zeit möchte ich den Duft der Zweisamkeit einatmen. Das Bett werde ich also nicht sofort neu beziehen.

Im Wohnzimmer fällt mein Blick auf die nicht akkurate Kissenparade auf dem Sofa. Ich werde sie noch nicht ordnen. So kann ich das Flair unserer Zeit noch eine Weile erhalten.

Wie lange werde ich das bei dem mir angeborenen Ordnungssinn durchhalten? Wie lange werden mich die welken Blumen auf dem Tisch über dein Fernsein trösten?

Ich möchte es so, denn all das erinnert mich an eine wunderbare Zeit und ich fühle, dass etwas von dir bei mir geblieben ist.

In der Küche werde ich putzen, mein Anspruch auf Reinlichkeit verlangt es.

Obwohl, ehe ich richtig loslege, trinke ich noch eine Tasse Tee. Natürlich aus deiner Tasse von unserem letzten Frühstück. Das tut gut.

Wann wir uns wiedersehen wissen wir nicht. Aber es wird bald sein.

Nachdenkliches

Es hat sich allerhand Alltagsstress angesammelt, abbauen ist angesagt. Am besten gelingt mir das, wenn ich eine längere Strecke jogge oder walke. Um die in die Jahre gekommenen Gelenke zu schonen, greife ich zu den Nordic Walking Stöcken und auf geht's. Die ersten zwei Kilometer bis zum Park führen entlang der Hauptstraße. Diese Strecke jogge ich und es macht mir immer wieder Spaß, die meist im Stau stehenden Autos »per pedes« zu überholen. Die Bank am Eingang zum Park ist der Start für meine Walking Tour.

Die Bank ist meist leer, heute ist sie besetzt. Eine große grüne Plane ist über sie gespannt. Vor der Bank stehen ein Paar Schuhe. Unmittelbar daneben, an einem Baum, lehnt ein Fahrrad. Soll ich vorbei gehen? Aber dann sehe ich, dass auf der Bank ein Jemand liegt, eingewickelt in eine Decke auf einer Isomatte. Ein Jemand hat sich diese Parkbank als Schlafstatt gewählt. Was in aller Welt veranlasst einen Menschen im Spätherbst auf einer Parkbank zu übernachten? In den Nächten ist schon mit Frost zu rechnen. Ein Obdachloser, ist mein erster Gedanken. Aber die suchen sich für ihre Übernachtungen meist geschütztere Stellen, korrigiere ich meine Gedanken sofort. Vielleicht ist es ein Mensch, der Hilfe benötigt.

Mit einigem Herzklopfen nähere ich mich der Bank. Entschlossen zupfe ich den Jemand am Ärmel und frage ihn, ob ich ihm helfen kann.

Der Jemand bewegt sich und zum Vorschein kommt der Kopf etwa eines 20- bis 25-jährigen Mannes. Es dauert eine Weile, bis ich eine Antwort erhalte. Das »Nein« klingt noch etwas verschlafen. Nun bin ich neugierig geworden.

»Warum schlafen Sie in dieser Jahreszeit auf einer Parkbank, weit außerhalb der Stadt?« Die Antwort, die ich bekomme, überrascht mich.

»Ich habe mir vorgenommen, einen Monat lang wie ein Ausgegrenzter in unserer Gesellschaft zu leben. Nicht im Sommer, da ist es zu einfach«, redet er weiter. Während er meine Frage beantwortet, hat er sich aus seiner Decke gewickelt. Seine Füße suchen die Schuhe. Dann steht er vor mir. Und ohne dass ich weitere Fragen stelle, erzählt er mir, dass er das vergangene Jahr in Afrika verbracht hat. Seit dieser Zeit habe sich seine Sicht auf die Welt verändert, erzählt er weiter. Ich frage ihn, was er in Afrika getan hat. Er habe an einem medizinisch sozialen Hilfsprojekt teilgenommen und er redet weiter. Er schildert mir seine Erlebnisse aus dieser Zeit. Er erzählt von der unsäglichen Armut der Menschen, vom Leben, in dem Wasser den Wert von Gold aufwiegt und von dem Hunger der Menschen. Mein Walkingausflug gerät in Vergessenheit. Jetzt möchte ich mehr hören. Und er erzählt, dass er auch den Wunsch und den Willen dieser Menschen nach Arbeit und Wissen gespürt hat. Er hat den Stolz der Menschen, den sie in sich tragen mit der Hoffnung auf eine bessere Zukunft in ihrem Land, gespürt.

Wir reden lange miteinander. Als ich mich von ihm verabschieden will, sagt er mir, fast nebenbei, dass es für ihn, seit er wieder in Deutschland lebt, schwer ist, unseren Lebensstil zu verstehen. Er möchte, nachdem er kennengelernt hatte, was Hunger und Entbehrung bedeuten, auch das Gefühl Ausgegrenzter unserer Gesellschaft kennenlernen. Deshalb übernachte er hier auf der Parkbank. Übrigens habe er in Afrika erfahren, was Hunger bedeutet, was Hunger ist. Seitdem, sagt er, hat er keinen Hunger mehr. Er habe nur noch Appetit.

Ich – nachdenklich – verabschiede ich mich von ihm.

Ich bin von zu Hause los, um meinen Stress abzubauen. Aber ich bin unsicher und nachdenklich geworden, nicht zu meinen Problemen. Nein, nachdenklich über die Ungerechtigkeit in dieser Welt, die wir in der Begrenztheit unseres Denkens schon gar nicht mehr wahrnehmen.

OKTOBERTAG

Unser letzter Urlaubstag. Gestern Abend war es spät geworden. Und während Paul neben mir noch fest schläft, bin ich hell wach. Paul zu wecken, wäre nicht fair. Also stehe ich auf. Draußen ist es noch dunkel. Ein erster Blick aus dem Fenster. Dichter Nebel bedeckt den Boden. Es ist, als ob dieser feuchte graue Schleier alle Geräusche verschlingt. Es ist ungewöhnlich still. Ich entschließe mich zu einem Morgenspaziergang.

Als ich das Haus verlasse, spüre ich die nasse, schwere und undurchsichtige Luft des Frühnebels. Das Atmen fällt mir schwer. Ein leises Schnattern ist zu hören. Unmittelbar vor mir, kaum zu erkennen, liegen Enten und Gänse im Gras. Ein einsamer Schwan hat sich zu ihnen gesellt. Sie liegen alle dicht beieinander. Als ich mich ihnen nähere, recken

sie ihre Hälse, den Geräuschen meiner Schritte folgend, nach mir. Neugierig gehe ich weiter, dicht vor mir erblicke ich einen kleinen Teich. Die Wasservögel haben sich erhoben und watscheln mir folgend auf den Teich zu. Sie beginnen mit der Futtersuche. Vielleicht zu früh an diesem Tag. Vermutlich habe ich mit meinem Eindringen in ihr Revier ihre Ruhe gestört. Ich gehe weiter. Gleich hinter dem Haus wird der Weg von einem Gatter gesäumt. Auf der Wiese liegen Kühe wiederkäuend im Gras. Sie sind im Nebel gerade noch zu erkennen. Als sie mich bemerken, ist es nicht ihrer Mühe wert, sich aus dem Gras zu erheben. Zwei der Tiere scheinen sich doch für mich zu interessieren. Behäbig stehen sie auf und trotten langsam zu mir ans Gatter. Mit ihren großen dunklen Augen sehen sie mich neugierig an. Sie sind irritiert, dass ein Mensch zu so früher Stunde am Zaun steht.

Ich laufe weiter in Richtung Wald. Langsam beginnt sich der Nebel zu lichten. Die ersten Sonnenstrahlen treffen auf die sich verfärbenden Blätter an den Bäumen. Der Wald beginnt zu leuchten. Nur das Rascheln der zu Boden fallenden Blätter ist zu hören.

Es ist still, ungestört von menschlichem Tun. Wenig später durchbricht erstes zaghaftes Vogelgezwitscher das Schweigen. Der herbstliche Wald erwacht.

Ich kehre um. Langsam gehe ich zurück. Die Kühe haben ihre Ruhe beendet und grasen auf der Wiese. Das Federvieh gründelt noch immer in dem Teich.

Als ich ins Zimmer komme, ist Paul aufgestanden. Er hat während meiner Abwesenheit den Frühstückstisch gedeckt. »Was werden wir heute unternehmen?«, fragt er mich. Meine Antwort: »Es wird ein Tag, an dem man den Duft von Wald und Feld in sich aufnehmen muss.« Paul versteht. Gleich nach dem Frühstück brechen wir auf. An Wiese, Teich und Gatter bleiben wir nicht stehen. Der Wald ist unser Ziel.

Es ist Spätherbst. Es ist die Zeit, in der wir die Stille der Natur erleben können. Nicht mehr lange, dann werden Feld, Wiesen und Wald sich eine Zeit lang in einen scheinbaren Stillstand, in ein Insichgekehrtsein der Natur, begeben.

Rock-Geschichte

Nach einer längeren Pause starteten wir zur ersten Wanderung in diesem Jahr. Wir werden uns eine Menge zu erzählen haben, überlegte ich und war skeptisch, ob die 15 Kilometer zum Austausch aller Neuigkeiten reichen würden. Wir sind vier Frauen!

Nach einer kurzen Begrüßung und der Feststellung, dass wir alle die längere »Auszeit« gesund überstanden hatten, waren wir auch schon beim wichtigsten Thema »Enkelkinder« angelangt. Es wurde ausgiebig zum und über den Entwicklungsstand der Enkel informiert. Zu den Enkeln, die schon geboren waren und im süßen Alter von Kleinkindern sich der Liebe und Fürsorge ihrer Großmutter erfreuten. Aber auch zu denen, die sich terminlich schon angekündigt hatten und jene, an die noch gar nicht zu denken war. Letzteres betraf Susanne. Sie wünscht sich nichts sehnlicher als ein süßes kleines Enkelkind. Wie gern hätten wir es gesehen, dass sich ihr Wunsch erfüllt, aber helfen konnten wir ihr beim besten Willen nicht. Wir konnten die Sache weder beschleunigen noch irgendetwas anderes dazu beitragen. Die Verantwortung lag einzig und allein bei ihrer Nachkommenschaft und die hielten sich nach Susannes Auskunft bezüglich Vermehrung sehr zurück.

Mich berührte das Thema »Enkelkinder« nicht mehr so sehr, denn meine Enkel sind unterdessen schon erwachsen bzw. sind es fast. Ihre Probleme gleichen den unseren und sind deshalb nicht mehr so interessant wie zum Beispiel der erste Zahn.

Sollte unser Wiedersehen und die nächsten 15 Wanderkilometer nicht in eine Diskussion über vorhandene und mögliche Nachkommen ausarten, mussten wir endlich von etwas anderem reden. Aber nur ich konnte sie von diesem Thema abbringen. Und ehe die Berichte und Erfolgsmeldungen über den Entwicklungsstand der Sprösslinge kein Ende fanden, musste mir ein Thema von allgemeinem Interesse einfallen. Ohne längere Ankündigung berichtete ich von meiner verzweifelte Suche nach dem weiblichsten aller Kleidungsstücke, einem Rock. Ich weiß, es war kein besonders interessantes Thema, aber zumindest bei Susanne fand mein Frust über den erfolglosen Einkaufsbummel Gehör. Sie nahm mit folgendem Satz, dessen Bedeutung mir erst später voll bewusst wurde, das Thema Rock auf: »Du siehst ja, ich habe in der letzten Zeit etwas zugelegt und die nicht mehr passenden Sachen, alle fast noch neu, liegen bei mir zu Hause rum.« Noch ehe ich mich dazu äußern konnte, sprach sie weiter: »Ich bringe sie dir morgen vorbei. Dann sieh mal, ob was passt.«

Wir waren an der Gaststätte angekommen, in der wir unser Wiedersehen mit einem großen Stück Kuchen und einer Tasse Kaffee ein wenig feiern wollten. Das Thema Rock war beendet und wir kamen endlich auf die Neuigkeiten der vergangenen Wochen zu sprechen.

Am nächsten Tag, pünktlich zur verabredeten Zeit, klingelte Susanne. Sie drückte mir eine riesige prall gefüllte

Tasche in die Hand und verschwand mit dem Satz: »Ich hab's eilig, muss noch in die Stadt.« Und weg war sie. Ich schüttete den Inhalt dieses Taschenmonsters auf mein Bett. Was kam da nicht alles zum Vorschein, Kleider, Röcke, Pullover. Wir hatten von einem Rock gesprochen, den ich mir kaufen wollte, nicht von der Erneuerung meiner gesamten Garderobe.

Aber alles sehr schöne, moderne und fast neue Kleidungsstücke. Als erstes schaute ich auf die eingenähten Größen. Auf den meisten der eingenähten Schildchen stand Größe 38. Na gut, wenn die Größen klein ausfallen, dann könnte etwas Passendes dabei sein. Unter dem ganzen Berg von Bekleidungsstücken fand ich auch einen Rock. Den probierte ich an und er passte. Aber es gab ein »aber«. Er war zu kurz, mehr als eine Hand breit über dem Knie; figürlich würde das schon gehen, kommt bei meinem Alter jedoch nicht in Frage. Ich probierte nacheinander alle Kleidungsstücke an. Auch die, die ich eigentlich nicht brauchte. Die meisten wie für mich geschneidert. Es haperte einzig an der Länge. Eindeutig zu kurz. Erklären konnte ich mir das nicht, bis ich mir in Gedanken Susanne vorstellte. Sie rank und bis vor kurzen auch schlank und 1,75 Meter groß. Ich schlank und gerade mal 1,58 Meter groß. Warum waren mir die Sachen alle zu kurz? Susanne ist zwar ein paar Jährchen jünger als ich, aber sie wird doch nicht Mini tragen. Die Gedanken darüber verdrängte ich sofort.

Am späten Nachmittag rief ich Susanne an. »Die Sachen sind alle toll«, begann ich das Gespräch. »Und zu schade zum

Wegwerfen«, vollendete ich den Satz, »aber sie sind zu kurz.« Eine kleine Pause und dann fragte mich Susanne: »Warum sind sie zu kurz?« Eine Antwort darauf fiel mir nicht sofort ein. Nach kurzem Überlegen gab ich ihr eine hoffentlich taugliche Antwort: »Susanne, das Beste ist, du machst eine Diät mit anhaltendem Erfolg, dann passen dir die Sachen wieder. Aber mit der Länge musst du dir, bei deiner Größe, etwas einfallen lassen.«

… WIR LIEGEN NEBENEINANDER

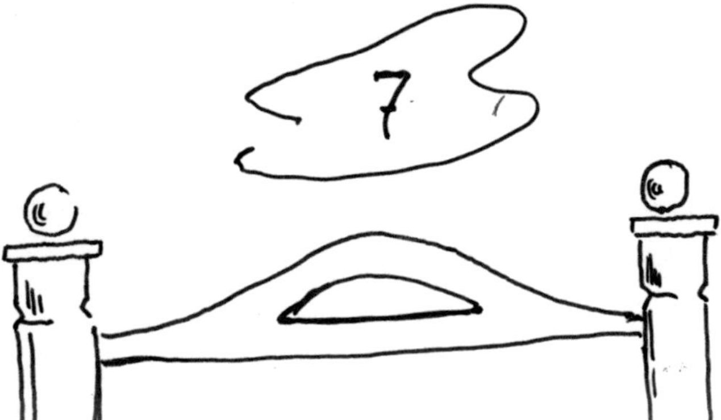

Ich spüre deine Nähe, deinen Herzschlag, deinen Atem, deinen Duft. Mit zarter Hand male ich sacht Striche, Kreise, Herzen auf deine Haut.

Eine Welle von Sinnlichkeit strömt durch deinen Körper.

Du erwartest meine Hingabe.

Ich spüre es und beginne dich zu liebkosen.

Es ist ein großes Glück mit dir diese Vertrautheit zu genießen.

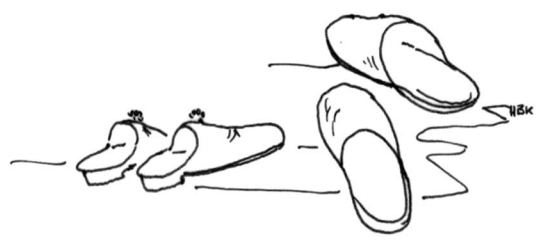

EIN AUFREGENDER ABEND

Zwei Karten zum Fußball-Ortsderby waren mein Geburtstagsgeschenk für Paul. Dieses Ortsderby fand nur deshalb statt, weil der ehemalige Bundesligist sich durch entsprechende Ergebnisse in der letzten Saison zum anderen Fußballclub der Stadt in die 2. Bundesliga gespielt hatte.

Warum zwei Karten? Ich wollte Paul zu diesem sportlichen Ereignis begleiten. Paul schaut sich gern Fußballspiele im Fernsehen an, aber bis ins Stadion reichte sein Enthusiasmus bisher nicht.

Ich bin zwar keine optimale Begleitperson für diese Sportart, denn meine sportlichen Interessen liegen auf ganz anderem Gebiet. Fußball steht bei mir auf der Beliebtheitsskala unterhalb der Marke »kein Interesse«, eher in Richtung Ablehnung. Dass wir uns dieses Spiel gemeinsam ansehen wollten, sollte der Beweis dafür sein, dass ich Pauls Begeisterung für Fußball respektierte. Am Montagabend zogen wir los.

Die zweite Liga hat nicht den Luxus, dass ihre Spiele in Konferenzschaltungen oder Fernseh-Live-Berichten am Wochenende über Äther und Bildschirm flimmern. Sie sind mehr als »sportliche Unterhaltung« nach Feierabend gedacht. Deshalb beginnen die Spiele in der Regel auch erst nach 20 Uhr in der Woche, eher so als Ersatz für das Fernsehabendprogramm. Nicht nur Paul, auch ich war neugierig auf das, was uns in den nächsten zwei Stunden erwarten würde. Je näher wir dem Stadion kamen, umso auffälliger war die Bekleidung der Menschen. Eingewickelt in Schals, deren Längen für arktische oder antarktische Expeditionen tauglich gewesen wären, standen Gruppen vor den Stadioneingängen. Einige von ihnen trugen T-Shirts mit Sprüchen, die ich nicht kannte und deren Text ich auch nicht so richtig verstand. Andere schwenkten Fahnen in unterschiedlichen Größen; von kleinen Fähnchen bis hin zu Fahnen, mit denen man durchaus ein größeres Gebäude beflaggen könnte. Wieder andere waren vollständig mit Buttons bedeckt. Auf jedem stand eine positive Botschaft für die Mannschaft. Das mussten die Fans sein.

Doch alle sahen irgendwie gleich aus. Allein die Farbkombination, den Vereinsfarben des jeweiligen Clubs angepasst, ließen eine Zuordnung der leidenschaftlichen Anhänger dieser Ballsportart den jeweiligen Mannschaften zu. Inmitten der Fans bemerkte ich Träger der Mannschaftstrikots. Toll, vor dem Spiel mischen sich die Aktiven unter die Fans. Eine respektable Geste. Es war ein Irrtum. Ich hatte mich getäuscht, denn die Trikots mit derselben Rückennummer tauchten mehrere Male auf. Und selbst ich als Fußballmuffel wusste, dass pro Team nur einmal die Mannschaftsnummer vergeben wurde. Mir fiel ein, dass in einem Werbeprospekt für den Kauf von Spielertrikot der unterschiedlichsten Clubs geworben wurde. Alle Achtung, bei dem Preis, zu dem diese Trikots angeboten wurden, konnte man bei den Fans, die eine solche Sportbekleidung trugen, auf ein höheres finanzielles Budget schließen.

Je näher wir dem Stadion kamen, umso ausgelassener war die Laune des sportbegeisterten Publikums. Es war schon fast eine kindliche Ausgelassenheit von der Art, die man bei Erwachsenen nicht mehr erwartet. Es wurde gegrölt, getrunken und mit Bierflaschen in der Luft herum gefuchtelt. Warum das so war, erfuhren wir, als wir in das Stadion hinein wollten. Bevor wir überhaupt den Eingang in die Sportarena passieren durften, mussten wir uns einer Leibesvisitation unterziehen. Es war fast wie am Flughafen. »Wir checken ein«, nahm ich Kontakt mit Paul auf. Es war der letzte auf längere Zeit. Paul war völlig fasziniert, was da so mit uns geschah. Nun klärte sich auch auf, warum alle, bevor sie ins Stadion gingen, Bierflaschen in den Händen trugen und den Inhalt in sich hineinschütteten. Der Alkohol, den man im Stadion kaufen kann, wird in Plaste- oder Pappbechern gereicht. Bier aus solchen Gefäßen zu trinken ist nicht jedermanns Sache. Aber es ist Vorschrift, und die gibt es schon sehr lange. Das schien bei einigen Fans immer noch nicht angekommen zu sein. Möglicherweise ist es aber schon ein kleiner Stimmungsmacher vor dem Spiel. Ich kam nicht dazu, weiter darüber nachzudenken. Wir waren am Stadiontor angekommen.

Bei unserem »check in« gab es keine Beanstandungen. Unsere Plätze fanden wir schnell. Sie schienen auf den »neutralen Besuchertribünen« zu sein. Die bunt verkleideten Menschen drängten sich in die Ecken am Fußballrund, die sogenannten Fankurven. Getrennt nach Farben, also Mannschaftsanhängern, versteht sich.

Es dauerte einige Zeit, bis das Spiel begann. In dieser Zeit wurde über Lautsprecher Musik gespielt. Ich kannte die Lieder nicht, außerdem wurden sie durch die Gesänge der Fans auf eine Phonstärke gebracht, die meine Ohren nur noch als Lärm wahrnahmen.

Endlich marschierten beide Mannschaften unter stürmischem Applaus und Jubelrufen der Fans und dem Beifall der »neutralen« Zuschauer auf das Spielfeld. Sie stellten sich gegenüber auf und reichten sich brav die Hände, als Geste eines fairen Wettstreites. In den Gesichtern der Spieler dagegen spiegelte sich Kampfgeist. Gestikulierend redete der Mann in Schwarz, auch Schiedsrichter oder Referee genannt, mit den Spielern. Ich vermutete, ein letzter Hinweis den gleich beginnenden Wettkampf in Fairness zu bestreiten. Dann warf er eine Münze in die Luft. Die Landung der Münze auf seinem Handrücken bestimmte welche Spielfeldhälfte jeder Mannschaft zugeordnet wurde. Während die Zuschauer mit ohrenbetäubendem Lärm ihre Bereitschaft auf das Spiel zum Ausdruck brachten, nahmen die Spieler beider Mannschaften auf der ihnen zugewiesenen Platzhälfte Aufstellung. Ein Pfiff, der Anstoß, und das Spiel begann. Nun hoffte ich auf »action«.

In Berichten hatte ich gelesen, dass beim Fußball mit den unterschiedlichsten Körperteilen der Ball ins Netz gekickt wird. Also nicht nur mit den Füßen, auch mit den Beinen, den Knien, der Brust oder dem Kopf wurde der Ball erfolgreich ins gegnerische Tor gelenkt. Selbst mit dem männlichsten aller Körperteile soll schon mal ein Tor erzielt worden sein. Ich hoffe, es war ein Siegestreffer. Also alles ist möglich, um Tore zu erreichen, nur die Hände und ihre Verlängerung sind tabu. Um damit Tore zu erzielen, gibt es die Sportart Handball.

In der Zwischenzeit hatten sich die Spieler auf dem Rasen eingespielt. Dachte ich, aber die Spieler dribbelten am gleichen Fleck, so wie ich es eigentlich nur von 100-Meter-Läufern kurz vor dem Start kannte.

Ein interessantes Match hatte ich erwartet. Aber, was sich auf dem Rasen abspielte, war vergleichbar mit einem langweiligen Tischtennismatch, das man populär als »ping pong« bezeichnet. Ich wurde das Gefühl nicht los, dass die Spieler irgendwie die ersten 45 Minuten über die Runden bringen wollten. Der Stimmung der Fans tat dieses Hin und Her keinen Abbruch. Je nachdem, welche Mannschaft im Ballbesitz war, begleiteten deren Fans auch jeden Ansatz eines möglichen Spielzuges mit einem höllischen Lärm. Trommeln und Gesänge, deren Inhalte nicht zu verstehen waren, verwandelten das Stadion in einen sogenannten Hexenkessel. Das Anfeuern der Mannschaften stand in keinem Vergleich zu dem, was da von den Akteuren auf dem Rasen geboten wurde.

Mit viel Lärm aus den Fan-Ecken und mäßigen Anfeuerungsrufen von den »neutralen Plätzen« geschah in der ersten Halbzeit eigentlich nichts; um es exakt zu definieren, es geschah gar nichts. Es wurde Zeit, dass der Schiedsrichter das Spiel abpfiff. Die am Spiel Beteiligten verschwanden in den »Erfrischungspausenräumen«, für die Zuschauer erklang erneut Musik, deren Lautstärke jeden Ohrenarzt in Schrecken versetzt hätte. Nach einer reichlichen Viertelstunde erschienen die Mannschaften wieder auf dem Spielfeld.

Jetzt bemerkte ich, dass sich am Aussehen der Fans einiges verändert hatte. Eine nicht unerhebliche Zahl hatte »blank gezogen«, zum Glück nur oben. Mein erster Gedanke: das sind die Cheerleader, männliche mit freiem Oberkörper.

Mein Nachbar schien meine Fassungslosigkeit zu bemerken. Es erklärte mir, dass das eine besondere Geste der Fans ist, sich mit ihrer Mannschaft verbunden zu fühlen. Was für eine Verehrung waren meine Gedanken dazu, denn die Temperaturen waren nahe dem Nullpunkt. Mich fröstelte, und ich legte den Schal fester um meinen Hals. Mit einem Blick nach links sah ich, dass auch Paul den Mantelkragen hochgeschlagen hatte. Die Kälte kroch spürbar und empfindlich unter unsere Kleidung.

Auf dem Spielfeld ging es weiter. Der Schiedsrichter pfiff das Spiel erneut an. Vielleicht wäre ein Startschuss, wie bei einem Sprint, für die Spieler eindrucksvoller gewesen, sie daran zu erinnern, dass der Sinn eines Fußballspieles darin besteht, den Gegner auszutricksen und Tore zu schießen.

Es gab zwar einige Spielunterbrechungen, aber nicht nach einem erfolgreichen Torschuss. Eher, weil die Spieler doch ihre Arme und Hände zum Einsatz gebracht hatten, aber nicht um Tore zu schießen, nein, um den Gegner festzuhalten oder ihn mit gekonntem Beinstellen, man nennt das auch Foul, zu Fall zu bringen. Nach der Pause auch nichts wesentlich Aufregendes. Dem Gesang und dem Hämmern auf die Trommeln tat das keinen Abbruch.

Ich hatte nur noch einen Wunsch, die Fans mögen ihrer Mannschaft klar machen, dass sie auf dem Rasen stehen, um Fußball zu spielen. Und das Ziel eines Fußballspiels sollte ihnen bekannt sein. Mehr als ein lässiges Hin und Her im Mittelfeld kam nicht zu Stande. Irgendwie schienen die Fans das nicht zu checken, denn sonst  hätte doch mal eine konkrete Aufforderung, Tore zu schießen, an ihre Mannschaft erfolgen müssen. Warum sind sie nur beim Trommeln so nachdrücklich und lautstark? Ein Gesang wie »Macht das Spiel, ihr kriegt so viel, macht endlich einen rein, sonst geh 'n wir heim« (oder ähnlich) hätte vielleicht Erinnerungen bei den Spielern geweckt, weshalb sie auf dem Platz stehen.

Ich fand es allmählich langweilig. Auch hatte ich es bis dahin vermieden, mich etwas intensiver um Paul zu kümmern. Meine erste Kontaktaufnahme war ein Blick in sein Gesicht. An seinem Gesichtsausdruck konnte ich sehen, dass sich seine Begeisterung ebenfalls in sehr engem Rahmen hielt. »Wenn im Fernsehen die Fußballübertragungen gesendet werden, dann hat man das Gefühl, die laufen während der ganzen Spielzeit wie die Hasen, um Tore zu schießen«, war Pauls erster Kommentar nach fast 90 Minuten. »Paul, ich denke im Fernsehen zeigen sie nicht, wenn die Spieler rumstehen, da zeigen sie nur, wenn sie sich bewegen. Denk mal an das Rugbyspiel, welches wir uns in unserem letzten Urlaub angesehen haben. Da waren auch zwischen den Angriffen längere Zeiträume, in denen die Spieler rumstanden. Aber es war eben Rugby, und da wird zur Neuordnung eines Angriffs abgepfiffen bzw. wieder angepfiffen.« Damit war unsere Konversation auf dem Fußballplatz beendet.

Der Weg nach Hause verlief fast wortlos. Die Fans waren mit einem Mal auch nicht mehr mit der Leistung ihrer Mannschaft, ihrer Idole, zufrieden. Sie diskutierten über den unbefriedigenden Spieleinsatz ihrer Mannschaften. Wenn sie nun unzufrieden sind, warum erst jetzt und vor und nicht im Stadion? Jetzt ist es doch nur noch eine Art, den persönlichen Frust über das Erlebte abzubauen. Was soll das? Meine Gedanken wurden unterbrochen. Paul brummelte neben mir: »0:0, was für ein Aufwand für dieses Ergebnis.«

Herbstgeister

Seit Beginn des Jahres gibt es in unserer Gegend ein Naturschutzprojekt für eine bei uns selten gewordene Tierart. Das ganze Jahr über haben wir immer und immer wieder einen Besuch geplant. Und wir haben ihn immer wieder verschoben. Nun, wo das Jahr zu Ende geht, wollen wir diesem Tierschutzprojekt doch noch einen Besuch abstatten.

Gleich nach dem Frühstück geht es los. Während ich noch dabei bin das Frühstücksgeschirr abzuräumen, manövriert Paul das Auto aus der Garage. Picknickkorb und Karte, wir fahren noch ohne Navigationshilfe, nehmen wir mit. Nach knapp 30 km haben wir den Parkplatz und den Eingang zum Naturschutzgebiet erreicht. Der Parkplatz ist fast leer. Es scheinen sich nur sehr wenige Besucher und Wanderlustige hierher verirrt zu haben. Auf dem riesigen Parkplatz stellt Paul das Auto genau oben links ab, keinen Zentimeter die Parkplatzbegrenzung überfahrend. Ich hätte bestimmt großflächiger eingeparkt, aber Paul ist eben in allen Dingen sehr akkurat. An dem überdimensionalen Wegweiser orientieren wir uns über den Verlauf unserer Wanderroute. Es kommt zu einer ersten Diskussion. Man kann den Rundkurs in Uhrzeigerrichtung oder entgegengesetzt wandern. »Entgegen dem Uhrzeigersinn«, schlage ich vor. Paul hat keine Einwände, akzeptiert. Wir wandern nach meinem Vorschlag. Schnell sind wir uns einig, dass der Picknickkorb im Auto bleibt. Wir wollen die Natur erleben. Gegessen wird danach.

Der ausgeschilderte Wanderpfad führt uns in einen dichten Wald. Es ist noch früh am Tag und das Wetter nicht sonderlich einladend. Nebel hat den Wald eingehüllt. Er ist schwer und nass und dicke Tropfen hängen an den Grashalmen, den Zweigen der Sträucher und den Ästen der Bäume. Es bietet sich immer wieder ein sich veränderndes buntes herbstliches Panorama. Noch nichts deutet auf die nahende Winterruhe der Natur hin. Nur schwer dringt das Licht durch das noch dichte Laub der Baumkronen und zaubert dabei filigrane Gebilde. »Es ist als wären wir in der Welt der Herbstgeister«, flüstert Paul. »Fast wie Halloween in der Natur«, erwidere ich. Der krächzende Ruf einer Krähe unterstreicht diesen geisterhaft anmutenden Moment und weckt unsere Fantasien. Die alte Eiche am Wegesrand wird zur menschlichen Figur. Mit ihren »Augen« scheint sie uns anzusehen. Ein dürrer Ast ähnlich einem Finger weist uns den Weg. Aus der Ferne dringt ein Klopfen, ein Hämmern zu uns. Ehe wir diesen Geräuschen wunderliche Dinge zuordnen, sage ich spontan: »Paul, hör', ein Specht begrüßt uns.«

Ein quer über den Weg gespanntes Spinnennetz stoppt uns und bringt uns in die Wirklichkeit zurück. Wir dürfen es nicht zerstören. Es hat eine Aufgabe. Aber bis sich die ersten Insekten in den feinen Fäden verirren, wird es wohl noch eine Weile dauern. Paul und ich fassen uns an den Händen und gehen tief gebückt unter der »gefährlichen Falle« hindurch. Unseren Weg queren Spuren. Es sind die Abdrücke der in diesem Gebiet heimischen Tiere. Wir versuchen sie zu »lesen«, aber unser Wissen auf diesem Gebiet ist mangelhaft.

»Schaut da nicht ein Fuchs aus dem Gebüsch«, flüstert Paul. Will er mich erschrecken, vielleicht auch nur necken?

Langsam lichtet sich der Wald. Der Weg wird breiter, als wir den dichten Wald verlassen und in die freie Landschaft hinaustreten. Aus dem Morgennebel ist ein dichter Hochnebel geworden. Unmittelbar vor uns auf einer Anhöhe steht ein gewaltiger Turm. Ganz aus Holz ist er gebaut. Er ist unser nächstes Ziel. Wenn wir auch nicht den im Prospekt atemberaubenden Panoramablick auf die wilden Buschwaldflächen und in die Ferne genießen können, die Ersteigung des Turms ist eine Herausforderung für uns. Etwas irritiert sind wir von den vielen kleinen Schildchen an allen Stufen, jedem Balken und jeder Strebe am Turm. Wir sind neugierig geworden und lesen die Schilderbotschaften. Auf jedem der Schildchen sind die Spender mit einer kürzeren oder längeren Dankesbezeugung genannt. »Paul«, sage ich, »typisch deutsch. Warum tut man so etwas? Die Wanderer, die hier entlang kommen, kennen die Spender sowieso nicht.« Paul nickt: »Für die vielen Schilder hätte man den Turm vielleicht aufstocken können. Ein anonymer Dank an die Spender wäre passender. Oder meinst du an jedem Brunnen oder jeder Schule in Afrika steht, dass sie von Bill Gates gespendet wurden?« – »Ja, so sind wir eben, wir Deutschen – ein wenig überheblich und

von uns eingenommen«, brummele ich vor mich hin. Damit ist das Thema für uns erledigt.

Wir haben die Aussichtsplattform erreicht. Und obwohl der Nebel sich etwas zu lichten beginnt, gibt es für uns nur eine eingeschränkte Sicht. Die Buschwaldflächen werden vom Nebel eingehüllt und die Berge in unmittelbarer Nähe können wir nur ahnen. Dennoch genießen wir die Landschaft, die Ruhe und die frische Luft. Als sich erste Sonnenstrahlen durch den Nebel schieben, verschwinden auch die letzten Geister- und Spukgebilde, die unsere Fantasie am Beginn unsere Wanderung angeregt haben. Auch die Vogelwelt erwacht mit zunehmender Helle; im Herbst nicht mehr so vielstimmig wie im Sommer. Wir entdecken Meisen und glauben Feld- und Haubenlerchen zu erkennen. Über der offenen Landschaft tragen Rabenvögel Futterkämpfe aus. Käfer überqueren unseren Wanderweg, eine Haselmaus zeigt sich, um gleich wieder in ihrem Bau zu verschwinden. Auf dem dahinwelkenden Grün wirken die bunten Blüten der Herbstblumen wie Farbtupfer.

Unsere Tour nähert sich dem Ende. Schon ist der Parkplatz zu sehen, als sich uns eine Wandergruppe nähert. Eine Schulklasse und ein sie begleitender Waldhüter kommen uns entgegen. Der Waldhüter kann mit seinen Erklärungen ihre Aufmerksamkeit nicht erreichen. Ihr Ausflug in diese wunderbare Natur scheint für die Schüler nur ein Tausch gegen einen Unterrichtstag zu sein. Von den streitenden und tobenden Kindern werden wir kaum wahrgenommen, nur der Waldhüter und die Lehrerin nicken uns mit einem fast entschuldigenden Schulterzucken zu.

»Es fordert Zeit und Geduld, ihnen das Gefühl für die Schönheit und Einzigartigkeit der Natur zu vermitteln«, sage ich so vor mich hin. Paul nickt, sagt nichts dazu. Aber aus seiner nachdenklichen Mine kann ich ähnliche Gedanken lesen.

Dann haben wir den Parkplatz erreicht, er ist nicht voller geworden. Wir sind ein wenig erschöpft von der Wanderung und zugleich begeistert von den vielen neuen Eindrücken. Es ist gut, dass wir den Picknickkorb im Auto gelassen haben. Wir hatten keinen Hunger auf Essbares, wir hatten »Hunger« auf Natur.

Hommage an Asco

Der Herbst kündigt sich an. Das Laub an den Bäumen schillert in den ungewöhnlichsten Farben. Noch scheint die Sonne warm; Erinnerung an den scheidenden Sommer.

Wir wollen einen dieser letzten schönen Tage mit einem längeren Spaziergang genießen. Mit uns Hund Asco, seit vielen Jahren unser treuer Begleiter. Er ist in die Jahre gekommen, und wenn ich ihn mir so anschaue, dann ahne ich, dass es vielleicht unser letzter gemeinsamer Herbst sein wird. Das löst Wehmut aus, aber auch den Wunsch, viel der verbleibenden Zeit gemeinsam zu verbringen.

Das Laufen fällt ihm schwer, und an Herumtollen ist schon lange nicht mehr zu denken. So gut wir können, versuchen wir seine Beschwerden zu lindern. Aber wie lange wird uns das noch gelingen? Wann werden wir, seine Menschenfamilie, sein Rudel, die Entscheidung über ihn, über sein Leben treffen müssen? Werden wir das überhaupt können?

Noch verdrängen wir diesen Gedanken.

Während wir im Flur die Mäntel von der Garderobe nehmen, erhebt sich Asco in seinem Korb. Seine Augen leuchten. Er weiß, jetzt ist die Zeit gekommen, in der wir gemeinsam etwas unternehmen. Das Umlegen seines Halsbandes honoriert er mit einem leichten Schwanzwedeln, wohl ahnend, dass das Herumtollen für ihn immer beschwerlicher und schmerzhafter wird.

Mit der Bahn fahren wir an den See. Ein Ort, den wir schon immer für längere Spaziergänge mit ihm aufsuchen. Schon die Treppen zum Bahnsteig bereiten ihm große Mühe, aber er schafft es. Nach einer halben Stunde Fahrt geht es zu Fuß weiter. Asco bleibt dicht bei uns, als wolle er seine Beschwerden vor uns verbergen. Früher mussten wir ihn oft zurückrufen, wenn er voller Übermut uns weit vorauseilte.

Die auf den Waldboden aufschlagenden Kastanien registriert er aufmerksam. Früher setzte er mit wilden Sprüngen den auf den Boden fallenden Früchten hinterher, um sie uns dann, um Anerkennung buhlend, vor die Füße zu legen. Heute sieht er nur noch den über den Waldboden rollenden Früchten hinterher.

Neben uns springt ein kleiner Terrier ausgelassen immer wieder in das raschelnde Laub. Asco schaut ihm zu. Zu gern möchte er mit dem kleinen Hund umhertollen, aber die schmerzenden Gelenke hindern ihn daran. In seinen Augen sehe ich Resignation. Brav bleibt er neben uns sitzen. Fast erhaben schaut er dem ausgelassenen Spiel des kleinen Terriers zu. Ohne müde zu werden, fordert dieser ihn immer wieder zum Spielen auf. Schließlich siegt Ascos Spieltrieb, und ungeachtet der schmerzenden Glieder läuft er mit dem Terrier davon. Ein paar Meter laufen sie zusammen, dann muss Asco passen. Der Kleine ist ihm zu schnell und zu wendig. Langsam und nun durch die Anstrengung hinkend, kommt er zurück. Er setzt sich neben uns und schaut wie wir dem Spiel des kleinen Hundes zu. Wir wollen weiter. Es bedarf Ermunterung, ihn für die Fortsetzung des Spaziergangs zu begeistern. Mit freundlich-bestimmtem Zureden und ein paar Streicheleinheiten schaffen wir es. Langsam, fast schleppend, geht er neben uns. Wir täuschen Müdigkeit vor und ruhen uns auf einer der zahlreichen Bänke aus. Während wir uns von den Strahlen der untergehenden Sonne wärmen lassen, erinnern wir uns an die Zeit, in der er noch ein junges kräftiges Tier war. Wie ungestüm er sein konnte! Er ist wie wir in die Jahre gekommen. Den Weg bis nach Hause schaffen wir mit ihm durch viel Zureden.

Zu Hause legt er sich sofort in seinen Korb – behutsam, um Schmerzen zu vermeiden. Mit dem Kopf auf den Vorderpfoten liegend, sieht er uns an, schließt die Augen und schläft ein. Nur sein Atem ist zu hören.

Wir gehen ins Wohnzimmer. Keiner spricht ein Wort, aber wir kennen die Gedanken des jeweils anderen. Irgendwann werden wir diesen schweren Entschluss fassen müssen. Und der Gedanke, dass wir ihm damit eine Menge Leid ersparen können, wird und kann uns nicht trösten.

Er ist eben mehr als nur ein Tier, er ist ein Freund. Es ist eine Freundschaft zwischen Mensch und Tier, ein Leben, ein Hundeleben, lang.

ABSCHIED FÜR IMMER

Als ich heute am Bücherbord vorbei gehe, auf dem die Fotos meiner Familie stehen, bleibt mein Blick länger als sonst auf einem der Bilder haften. Zu sehen ist eine etwa 40-jährige zierliche Frau. Lebensfreude kann man in ihrem Gesicht erkennen. Es ist das Foto meiner Mutter. Darunter ein kleines Foto. Es zeigt sie in ihrem letzten Lebensjahr, ihrem 86. Aus der freundlichen und liebenswerten Frau ist eine alte, von Krankheit gezeichnete zu sehen. Ihre Augen voller Traurigkeit und Schmerz. Als ich ihr Bild in meiner Hand halte, versuche ich mich zu erinnern. Ich möchte sie in meinen Gedanken sehen, sehen wie sie war. Und so wie sie in meiner Vorstellung lebt. Das kleine Bild bedrückt mich. Es ist nicht das Alter, was mich erschreckt, es sind die Spuren ihrer Krankheit, die mich erschüttern.

Dann verlieren sich meine Gedanken in Erinnerungen an sie. Als ich geboren wurde, war sie die erste, die mich in ihren Armen hielt. Sie war es, die mich liebkoste und beschützte, die mich tröstete, wenn ich Kummer hatte oder krank war. Sie war es, die mich auf meinem Lebensweg begleitete, und wann immer ich Hilfe brauchte, sie war die erste, die für mich da war, die mich verstand, wenn andere mich nicht verstanden.

Sie liebte mich über alles – meine Mutter. So war es lange Zeit. Das änderte sich, als das »Vergessen« von ihr Besitz ergriff. Es kam die Zeit, in der sie Hilfe brauchte. Anfangs begleitete ich sie bei ihren Spaziergängen und Besorgungen. Später unternahmen wir keine Ausflüge mehr. Ich las ihr aus ihrem Lieblingsbuch vor, spielte mit ihr die Spiele, die sie vor vielen Jahren mit mir gespielt hatte. Aber das »Vergessen« umklammerte ihre Sinne immer mehr. Mit ihren Gedanken und Gefühlen war sie schon weit weg aus dieser Welt. Ich hoffte, dass sie mich, wenn ich sie in meine Arme nahm, als ihre Tochter fühlte. Eine Regung, dass sie mich wahrnahm, bekam ich immer seltener. Und so saßen wir oft stundenlang nebeneinander, ohne ein Wort zu sagen, nur uns einander zu spüren. Mehr Gemeinsamkeit blieb uns nicht.

Dann kam der Tag, an dem sie ihren letzten Kampf mit dem Leben ausfocht. Sie verlor ihn, und ich erlebte den traurigsten Moment in meinem bisherigen Leben. Es war der Moment, an dem ihrem Atemzug kein weiterer folgte, als sie aufhörte zu atmen. Er war gekommen – der Tod.

In meiner Hilflosigkeit über das, was geschehen war, schrieb ich die folgenden Zeilen.

– Der Tod –

Als Kinder können wir ihn nicht definieren,
aber wir haben Angst vor ihm.
Als junge Menschen vergessen wir ihn,
wir machen uns lustig über ihn,
manches Mal provozieren wir ihn.
Aber wir können uns aus seinen Armen winden.

Älter werdend nimmt unser Respekt vor ihm zu.
Aber wir negieren ihn noch immer.
Haben wir den ersten Kontakt mit ihm, werden wir
nachdenklich.
Wir wollen ihn schnell vergessen.

Im Alter haben wir wieder Angst vor ihm.
Aber nun müssen wir mit ihm leben, auf ihn warten.
Wir wollen ihm die Hand nicht reichen, aber wir müssen.
Zuweilen freiwillig, weil unser Leid zu groß ist.
Aber auch zögerlich und traurig,
weil wir von dieser Welt nicht Abschied nehmen können.
Unsere Neugier fesselt uns an diese Welt.
Wenn wir Glück haben, holt er uns, ohne dass wir es merken.
Dann schlafen wir tief und fest ein, mit den schönsten
Erinnerungen an diese Welt.

Meine Gedanken kehren in die Gegenwart zurück. Und wieder spüre ich den gleichen Schmerz, den ich fühlte, als sie sich von dieser Welt verabschiedete. Einen Schmerz, den man nie hinter sich lassen kann.

Ich stelle das Bild auf das Bücherbord zurück. Das kleine Foto am Rahmen lege ich zu den anderen Fotos in die Bilderkiste. Ich möchte, wann immer ich ihr Bild anschaue, in das Gesicht dieser lebensfrohen Frau blicken und mir die Kraft holen, mich selbst den Herausforderungen des Alter zu stellen.

WINTER

In diesem Jahr hatte der Winter dem Herbst kaum Zeit gelassen seine bunte Pracht zu entfalten. Über Nacht der erste Frost. Bald darauf der erste Schnee. Und so wird aus unserer Spätherbstwanderung eine Winterwanderung.

Dicke Jacke, Schal, Mütze und Handschuh, wir sind bereit.

Die Veränderungen in der Natur sind deutlich zu spüren und zu sehen. Die Herbststürme haben die letzten Blätter von den Bäumen geweht. Nun bedeckt ein weicher Teppich aus Schnee den Waldboden und verschluckt jegliche Geräusche. Die blattlosen Kronen der Bäume überspannen wie riesige Schneehauben den Weg. Man könnte meinen, alles Leben hat sich zur Ruhe gelegt.

Von den Zweigen rieselt Schnee. Als wir in die Baumkronen schauen, sehen wir, wie Eichhörnchen durch das Geäst springen. Sicher sind sie dabei ihre im Herbst vergrabenen Futtervorräte zu suchen. Hoffentlich werden sie erfolgreich sein.

Rabenvögel teilen sich mit viel Gekrächze ihre Reviere untereinander auf. Auch sie stellen sich auf die karge Zeit des Winters ein. Der nahegelegene kleine See hat eine dünne Eisdecke. Sie trägt noch nicht das Gewicht der Enten und so verbleibt den Wasservögeln noch eine eisfreie Fläche im See.

Wir kommen an eine kleine Lichtung umgeben von Tannen und Kiefern. Mitten auf der Lichtung steht eine Futterraufe. Bis zum Rand ist sie mit Heu gefüllt. Daneben liegen Kastanien, Eicheln und Rüben, eine Winterhilfe des Försters. Die Waldtiere haben sie schon entdeckt. Im Schnee kann man Fährten verschiedener Tiere entdecken. Wir versuchen zu erkennen, welche Tiere die Futterstelle besucht haben. Die Spur von Fuchs und Reh kennen wir, auch die des Hasen. Bei anderen Spuren müssen wir passen.

Die kleinen Tannen und Kiefern stehen wie geputzte Weihnachtsbäume, eingehüllt in einen weißen Umhang aus Schnee. Erste Gedanken an die Adventszeit kommen auf. Es wird Zeit sich darauf einzustimmen.

Wir gehen weiter. Die kalte, klare Luft tut uns gut, macht aber auch müde. Das kleine Holzhaus mit einer gemütlichen Gaststube ermuntert zur Einkehr. Als wir den Gastraum betreten empfängt uns wohlige Wärme. Das Holzfeuer im Kamin knistert. Der Duft von Glühwein, Lebkuchen und frischem Tannengrün ist verführerisch.

Mit dem ersten Schluck vom Glühwein träumen wir uns in die Advents- und Weihnachtszeit.

Links steht der Baum

Bei uns ist es Tradition, mit Beginn der Adventszeit nach dem Weihnachtsbaum Ausschau zu halten. Es ist Pauls Aufgabe, und er tut es deshalb so früh, wissend, dass in der fortschreitenden Adventszeit die Bäume nicht besser werden.

Als er heute nach dem Mittagessen seinen Anorak anzieht, die Mütze aufsetzt und nach den Handschuhen greift, weiß ich, heute wird er durch die Tannenparadiese der Stadt streifen, um die traditionellen Nordmanntannen für unser diesjähriges Weihnachtsfest zu küren. Wir kaufen immer zwei Bäume; einen für die Vorweihnachtszeit und einen für das Fest.

Als Paul sich verabschiedet, wünsche ich ihm mit einem leicht spöttischen Unterton einen guten Kauf. Es macht keinen Eindruck auf ihn. »Lass mich nur machen«, ist seine Antwort. Während ich am Fenster stehe und ihm nachschaue, erinnere ich mich an unser Weihnachtsfest im vergangenen Jahr.

Paul hatte wie alle Jahre schon in der ersten Adventswoche zwei Bäume, echte Nordmanntannen, gekauft. Als er sie auf die Terrasse platzierte, dort wo sie bis zu ihren Einsatz die Zeit verbringen sollten, sagte er: »Die Weihnachtstanne steht links.«

Die Vorweihnachtszeit ist meine Zeit. Paul ist das Aufstellen und das Schmücken des Weihnachtsbaumes vorbehalten.

Am Samstag vor dem ersten Advent begann ich mit dem Dekorieren unserer Wohnung. Paul war an diesem Tag damit beschäftigt, sein Immunsystem für den Winter zu stärken, er verbrachte den Nachmittag in der Sauna. Ich holte den für die vorweihnachtliche Ausgestaltung vorgesehenen Baum von der Terrasse und befreite ihn aus seiner Verpackung. Das dauerte. Und als ich ihn endlich aus dem Netz hatte, es war nicht einfach zu viel Grün, stuckte ich den Stamm kurz auf, und es entfaltete sich ein Baum. »Wow! Wenn dieser Baum schon so toll aussieht, wie prächtig wird dann erst der Baum für den Weihnachtsabend sein?«, waren meine Gedanken beim Anblick dieser Tanne. Mit meinem Hackmesser, das ich sonst nur zur Zerteilung größerer Fleischstücke benutze, bearbeitete ich den Baum auf der Terrasse. Ich zerlegte ihn. Paul hätte das, da bin ich mir sicher, im Wohnzimmer getan. Es dauerte nicht lange und ich hatte die Äste vom Stamm gehackt. Nun konnte ich mit der Dekoration unserer Wohnung beginnen. Nicht zu bunt und nicht zu kitschig; überall dichtes Tannengrün, einfach schön.

Wir verbrachten eine ruhige, stimmungsvolle und fröhliche Adventszeit.

Je mehr wir uns dem 24.12. näherten, umso mehr machte sich der vorweihnachtliche Stress auch bei uns bemerkbar.

Ich war für den kulinarischen Bereich zuständig. Nicht ganz einfach, denn unsere Kinder und Enkel waren wie alle Jahre unsere Gäste zum Fest. Trotz der drei Generationen, die da am Tisch saßen, hatte sich unser traditionelles gemeinsames Essen am Heiligabend – Klöße, Rotkohl und Ente – durchgesetzt und wurde von allen akzeptiert. Über Geschenke brauchten wir uns keine Sorgen zu machen. Bei uns werden nur kleine Aufmerksamkeiten verschenkt.

Dann endlich Heiligabend.

Nach dem Frühstück bat mich Paul, die Kartons mit dem Baumschmuck vom Boden zu holen. Er tat das wie immer in seiner liebenswürdigen Art und vielen »bitte«. Noch während er den Baum von der Terrasse ins Wohnzimmer bugsierte, erhielt ich die erste Aufforderung für eine Handreichung. »Komm doch bitte mal ins Wohnzimmer, ich möchte den Baum aus dem Netz nehmen.« Obwohl ich dabei war, die Enten für den Grill vorzubereiten, folgte ich Pauls Bitte. Ich stand noch in der Tür zum Wohnzimmer, als er mir die Spitze des verpackten Baumes entgegen hielt, »bitte halte mal.« Beherzt griff ich zu und hielt das Netz an der Baumspitze fest in meiner Hand. Paul öffnete die Verpackung. Der Baum rutschte ohne größeren Kraftaufwand fast von selbst aus dem Netz. Sofort griff er in die Stammmitte. »Nun nur noch kurz auf den Boden stucken, und vor uns wird sich eine Nordmanntanne entfalten. Wir werden ein Bild von einem vollkommenen Weihnachtsbaumes erblicken«, so oder ähnlich waren unbestritten seine Gedanken. Er stuckte den Stamm einmal auf, ein zweites Mal, aber es entfalteten sich keine Zweige. Oder doch? Was sich entfaltete, war ein sehr lückenhafter Baum. Paul stutzte, sagte aber kein Wort. Er stuckte den Baum immer wieder auf das Parkett, in der Hoffnung, dass sich doch noch ein paar Zweige entfalten würden. Aber der Baum veränderte sein Aussehen nicht. Paul schwieg. Er schwieg lange, und das erste, was er sagte, war: »Halte du bitte mal den Baum.« Damit wurde der in seiner Erscheinung auch nicht besser. Man konnte ihn drehen, wie man wollte, die eine Hälfte des Baumes war kahl, ohne einen einzigen Ast. So wie der aussah, eignete er sich allenfalls als Bild an die Wand zu hängen.

»Wie jedes Jahr in die Ecke?«, murmelte Paul. Ich nickte. Ein Blick in die Ecke, in der er den Baum platzierte hatte, brachte ihn wieder zum Schweigen. Die Ecke des Zimmers, in der alle Jahre unsere Weihnachtstanne für eine festliche Atmosphäre gesorgt hatte, wirkte riesig. Dieser Baum konnte die Ecke nicht einmal ansatzweise ausfüllen. Hinter dem Baum tat sich eine nicht zu übersehende Leere auf. Ohne weitere Worte, ohne eine Bitte für eine Handreichung, befestigte Paul die Tanne im Baumständer. Nachdem der Baum festen Halt gefunden hatte, deutete er mit der Hand in Richtung der Kisten mit dem Baumschmuck; wortlos.

Während ich Paul schweigend beim Aufstellen des Weihnachtsbaumes assistierte, fiel mir die Pracht des Baumes ein, den ich für die Adventsdekoration zerlegt hatte. Hatte ich den falschen Baum erwischt?

Paul hatte unterdessen mit dem Schmücken des Baumes begonnen. Mit allem, was die Kisten an Weihnachtsschmuck hergaben, versuchte er den Baum aufzuhübschen. Als alle Kisten leer waren, stand ein Weihnachtsbaum in der Zimmerecke, der sehr ungewöhnlich aussah, aber irgendwie einmalig. Hinter den Baum, in die riesige, leere Ecke hatte Paul so gut es ging die braunen Kartons gestapelt. Es sah aus, als hätte der Weihnachtsmann in diesem Jahr riesige Geschenkpakete gebracht. In sich versunken, sah Paul sein Werk an. Ich nutzte diese Gelegenheit und verschwand in die Küche. Ich wollte seinem noch immer ausstehenden emotionalen Ausbrauch entkommen.

Mit vollem Einsatz bereitete ich das Essen vor. Sollte das wenigstens alle Geschmäcker befriedigen. Kurz bevor unsere Kinder und Enkel eintrafen, ging ich dann doch ins Wohnzimmer zurück. Paul stand noch immer vor dem Weihnachtsbaum. Behutsam zupfte ich an seinem Ärmel und flüsterte: »Paul, der Baum sieht trotz allem gut aus. Es muss nicht immer alles vollkommen sein.« Schneller, als ich es erwartet hatte, brach Paul mit einem für ihn ungewöhnlichen Satz sein Schweigen: »Du hast recht, man muss auch mal etwas Unkonventionelles wagen.« Damit waren sicher die gestapelten braunen Kartons gemeint.

Das Weihnachtsfest war gerettet. Unsere Enkel waren von dem Baum-Karton-Ensemble begeistert, und unsere Kinder hielten sich mit ihrem Spott über den Baum zurück. Paul fand langsam Gefallen an unserer doch sehr ungewöhnlichen Weihnachtsdekoration.

Als ich in Gedanken beim Happyend des letzten Weihnachtfestes angekommen war, genau in diesem Moment ging die Wohnungstür auf. Paul erschien. In jeder Hand hielt er eine gut verpackte Nordmanntanne. Er lächelte vielsagend, hob den linken Arm mit dem Baum ein wenig an und sagte fast fröhlich: »Das ist die Tanne für Weihnachten. Sie steht links auf der Terrasse.«

JAHRESWECHSEL – ALLEIN ZU HAUSE

Es ist nicht zu ändern, den Jahreswechsel muss ich allein verbringen. Paul weilt weit weg von mir. Bereits am Mittag, während ich noch in unserer Küche dabei war, den traditionellen Kartoffelsalat vorzubereiten, war er schon im neuen Jahr angekommen. Wir tauschten per Telefon Wünsche zum Jahreswechsel aus – Wünsche für Gesundheit, für Glück, für eine noch lange gemeinsame Zeit und für seine baldige Rückkehr.

Um mich nicht zu einsam zu fühlen, aber auch aus Nachbarschaftshilfe, hatte ich die Versorgung der Katzen meiner Nachbarn übernommen. Sie, meine Nachbarn, konnten in Ruhe ihren Silvester/Neujahr-Kurzurlaub verbringen, und ich konnte meine Einsamkeit mit den Katzen teilen.

Während ich die Vorbereitungen für den Solo-Silvester- Abend traf, streiften die beiden »Herren im schwarzen Fell« ebenso wie ich, von Einsamkeit geplagt und Aufmerksamkeit erweckend um meine Beine. Wir spürten alle drei, dass uns etwas fehlte, mir Paul und den Katzen die Streicheleinheiten ihrer Menschenfamilie.

Gegen 14 Uhr hatte ich alle Arbeiten in der Küche erledigt. Wie sollte es nun weitergehen? Zehn Stunden ist der Tag noch lang. Was kommt danach, im neuen Jahr? Paul ist noch mindestens zwei Wochen weg, und auch die Fellträger müssen noch ein paar Tage mit mir auskommen.

Irgendwie hat dieses Datum 31.12. etwas Magisches. Ein Jahr geht zu Ende und ein neues beginnt. Dieser Neubeginn macht die gefühlte Zeit bis zu Pauls Rückkehr erträglicher, hält die Sehnsucht in Grenzen, hoffe ich. Aber meine Stimmung ist nicht die beste. Sie schwankt zwischen Traurigkeit, Einsamkeit und Aufbruch. Eine Stimmung, die ich nur durch Ablenkung einigermaßen beherrschen kann. Mit dem Fortschreiten der Zeit entsteht ein Gefühl des Abschiednehmens; Abschiednehmen vom alten Jahr.

Habe ich im Laufe des Jahres mal Abschiedsstimmung, dann schlägt das meist in ein Abschiednehmen von Dingen, die ich nicht mehr benötige, um. Dann beginne ich, Schuhe, Handtaschen und andere Dinge auf ihre Gebrauchsfähigkeit oder Ansehnlichkeit zu prüfen und gegebenenfalls auszusortieren. Für die Abschiedsstimmung zu Silvester sind diese Abschiede zu profan. Ein Tag wie der 31.12. scheint mir zu bedeutend und daher ungeeignet für derartige Entsorgungen.

Das CD-Regal erreicht meine Aufmerksamkeit. Ich lasse mich auf dem Teppich vor dem Regal nieder. Der Fußboden hat dank unserer Fußbodenheizung eine angenehme Temperatur. Jede einzelne CD nehme ich in die Hand. Die eine oder andere lege ich in den Player. Die Musik weckt Erinnerungen an Paul, an uns, an unsere Freunde. Zu welchem Anlass wir sie gekauft hatten oder wer sie uns zu einem besonderen Anlass geschenkt hatte, ich weiß es nicht mehr. Aber die Musik, die auf die kleinen silberfarbenen Scheiben gepresst ist, ist wie ein musikalischer Rückblick auf unser Leben. Meine beiden »Gäste« liegen neben mir. Auf dem warmen Fußboden haben sie es sich bequem gemacht. Vielleicht ist ihnen meine Nähe ebenso willkommen wie mir die ihre. Meine Hände verirren sich zaghaft in ihrem weichen Fell. Sie genießen meine Streicheleinheiten und bedanken sich mit einem hörbaren Schnurren. Wir trösten uns gegenseitig.

Immer noch in die Musik vertieft und in Gedanken an Vergangenes, schrecken uns die ersten Böller auf. Es ist Mitternacht, und ein neues Jahr hat soeben begonnen. Ich trete ans Fenster und schicke meine Grüße und Wünsche für das neue Jahr an Paul mit den Raketen in den Himmel. Meine beiden Besucherkatzen suchen unter dem Sofa Schutz vor dem Lärm der Böller und dem grellen Licht der Feuerwerkskörper.

Als der Lärm auf der Straße weniger wird, gehe ich zurück ins Zimmer. Noch immer hat der Nebel der aufsteigenden Raketen den klaren Sternenhimmel verdeckt. Die beiden »Herren im schwarzen Fell« haben den Platz unter dem Sofa mit dem auf dem Sofa getauscht. Auf dem Tisch steht unberührt der Kartoffelsalat, den wir sonst beide, Paul und ich, am Silvesterabend essen. Hunger habe ich nicht. Über den Erinnerungen und der Musik habe ich ihn nicht gespürt. Einen Löffel esse ich doch von dem Salat, weil wir es immer zu Silvester so gehalten haben. Heute nur mit einer Zeitverzögerung und ohne Paul.

Mit einem Glas Sekt und zwei Schälchen mit Milch heißen die Katzen und ich das neue Jahr willkommen. Es dau-

ert nicht lange, und die beiden »Herren im schwarzen Fell«
dösen wieder im katzentypischen Wachschlaf vor sich hin.
Mein Kraulen scheint sie nicht zu stören. Mit ihrem leisen
Schnurren geben sie mir zu verstehen, dass ihnen meine
Streicheleinheiten gut tun.

Silvester ohne den Menschen, mit denen man zusammen
sein möchte, weckt Sehnsucht nach ihnen. Erinnerungen an
Gemeinsamkeiten können trösten.

EIN JAHR – EIN LEBEN

Große Wärme empfängt mich und Licht blendet. Ich blinzle gegen das Licht. Kühler Tau benetzt mich. Er gibt mir Kraft und Sinnlichkeit. Noch kann ich das alles nicht begreifen.

Es ist Frühling.

Zunehmende Wärme macht mich stark und glücklich.

Neues entdecken, kennenlernen.

Alles möchte ich wissen, obwohl ich weiß, dass dies nicht möglich ist.

Das Wissen nutzen und die Zeit gestalten, das ist die Herausforderung.

Die Welt erkennen, begreifen macht mich neugierig, aber ich beginne Geborgenheit zu vermissen.

Noch ist das Grün frisch und das Blau zeugt von Unendlichkeit.

Ich passe mich an und nutze meinen Verstand.

Vielleicht zu wenig? Ich weiß es nicht.

Ich sehne mich nach dem Licht, welches mich blendete und nach der Wärme, die mich einst umschlang.

Ich habe einen, meinen Platz, in dieser Welt gefunden.

Glück und Unglück, Liebe und Hass, Freude und Traurigkeit füllen ihn aus.

Der Sommer trägt seine Früchte.

Das Gute überwiegt, Leid wird verdrängt.

Ich weiß die glücklichen Momente zu schätzen, festhalten kann ich sie nicht.

Das Grün ist nicht mehr frisch. Der kühlende Tau beginnt seine Kraft zu versagen.

Bunt zeigt sich die Welt, zu bunt.

Das Richtige tun, eigene unverwechselbare Wege zeichnen, ist meine Aufgabe.

Die Vergänglichkeit zeigt sich, ironisch bitter, die Zukunft andeutend.

Es ist Herbst, der Winter kündigt sich an.

DER 50. MOMENT
IST EIN DANKESCHÖN

Er gilt meinem Freund Hans Bernd Köhler für seine spontane Zusage zur Mitarbeit an der Gestaltung des Buches. Außerdem möchte ich mich dafür bedanken, dass es ihm gelungen ist, für einige Geschichten die Gedanken für einen Moment nicht loszulassen.

DANKE

MAU WINTER
DREI WINDBRIEFE AN P.

Lena, eine Frau über 60, blickt auf ihr Leben zurück. Ihre Ehe ist gescheitert. Ihre Gedanken kreisen immer wieder um ihre erste Liebe. Um ihre Gefühle zu ordnen, fährt sie auf eine ihr wohl vertraute Insel. Paul, ihre große Liebe, begleitet sie in ihren Tagträumen. Sie erlebt diese erste Liebe gedanklich noch einmal und schöpft daraus die Kraft ihr Leben neu zu ordnen.

ISBN 9783935194433

MAU WINTER
1/2 HUNDERT MOMEMTE

Der Vorgänger von
»Jeder Moment hat eine Geschichte«

Beobachtungen, Erlebnisse, Gefühle und Gedanken –
festgehalten in 50 feinen Kurzgeschichten.
Nachdenklich . besinnlich . komisch

ISBN 9783842376014

MAU WINTER

BUCHSTABENSUPPE

Julius kann noch nicht richtig schreiben. Da helfen ihm die Buchstaben in der Suppe und zeigen ihm, wie einfach es ist, zu buchstabieren und Wörter zu schreiben. Mit ABC-Buch für Deine Lieblingswörter und mit Ausmalbuchstaben.

Hardcover: ISBN 9783848217830
Paperback: ISBN 9783848217779

Impressum

© by Mau Winter 2013
2. Auflage

Herstellung und Verlag:
BoD - Books on Demand, Norderstedt
Zeichnungen: Hans Bernd Köhler
Design & Satz: www.corporate-new.de
Umschlagbilder: www.istockphoto.com/
narvikk, sophie4, mandygodbehear

ISBN 9783732292172